ON ACHÈVE BIEN LES GRECS

Du même auteur

Imperium. Structures et affects des corps politiques, Paris, La Fabrique, 2015.

La malfaçon. Monnaie européenne et souveraineté démocratique, Paris, Éditions Les liens qui libèrent, 2014.

La Société des affects. Pour un structuralisme des passions, Paris, Seuil, 2013.

D'un retournement l'autre – Comédie sérieuse sur la crise financière – En quatre actes, et en alexandrins, Paris, Seuil, 2011

Capitalisme, désir et servitude. Marx et Spinoza, Paris, La Fabrique, 2010.

La crise de trop – Reconstruction d'un monde failli, Paris, Éditions Fayard, 2009.

Conflits et pouvoirs dans les institutions du capitalisme, (dir.), Paris, Presses de la Fondation des Sciences Politiques, coll. Gouvernances, 2008.

Jusqu'à quand ? Pour en finir avec les crises financières, Paris, Éditions Raisons d'agir, 2008.

Spinoza et les sciences sociales. De l'économie des affects à la puissance de la multitude, (dir.), en collaboration avec Yves Citton, Paris, Éditions Amsterdam, 2008.

L'intérêt souverain – Essai d'anthropologie économique spinoziste, Paris, La Découverte, 2006.

Et la vertu sauvera le monde – Après la crise financière, le salut par l'«éthique» ?, Paris, Liber / Éditions Raisons d'agir, 2003.

La Politique du capital, Paris, Odile Jacob, 2002.

Fonds de pension, piège à cons ? – Mirage de la démocratie actionnariale, Paris, Liber / Éditions Raisons d'agir, 2000.

Les Quadratures de la politique économique, Paris, Albin Michel, 1997.

Frédéric Lordon

ON ACHÈVE BIEN LES GRECS

Chroniques de l'euro 2015

Éditions Les Liens qui Libèrent

ISBN : 979-10-209-0366-2

Marquer le coup

Qu'il soit intensément pratiqué n'ôte rien au fait que le « livre de chroniques », genre qui doit plus au maniement de l'agrafeuse qu'au génie créateur, n'a rien de spécialement glorieux. Il y avait donc quelques sérieuses réticences à surmonter pour se convaincre que ça n'était pas là trop céder à la facilité. Dans ces conditions, il n'est pas inutile de dire ses raisons. Celles-ci sont en réalité très simples et se ramènent à ceci : il fallait marquer le coup.

Si la séquence grecque, ouverte en janvier 2015 avec l'arrivée de Syriza au pouvoir et close le 13 juillet avec l'accord assassin de l'Eurogroupe, n'a, en définitive, jamais procédé que des propriétés les plus anciennement établies de la construction européenne, il faut croire que celles-ci demandaient encore à être connues. Ou plus exactement à être *vues*. Car voilà le coup à consigner, marqué par la séquence grecque : tout s'est vu. Tout de l'eurozone, cette construction technocratique ni faite ni à faire, destinée à se gouverner hors la vue des peuples, à les opprimer économiquement et à les asservir politiquement, tout a été déballé. Comme toujours, ce sont les crises qui révèlent l'essence des choses, masquée en temps ordinaire, à plus forte raison quand il entre dans cette essence le projet tout à fait explicite de ne pas se faire connaître ! Même s'il n'aura pas été celui que beaucoup attendaient, il y aura bien eu un « effet Syriza » : un effet – étymologiquement parlant seulement – *apocalyptique*. Car l'apocalypse, c'est la révélation. Et Syriza aura bien été, quoique en partie à son corps défendant, un impitoyable révélateur.

Syriza, c'est l'euro mis à nu. Une institution ne livre jamais sa vérité qu'à l'épreuve d'une contestation fondamentale. La contestation grecque a tout dévoilé, et mis l'os à découvert, évident, sous nos yeux, incontestable. On sait désormais, non plus par abstraction mais de connaissance expérimentale, ce que valent les élections aux yeux des institutions européennes : rien (les référendums, on savait déjà, mais s'il y en a qui n'avaient pas encore compris, une illustration supplémentaire, celle du 5 juillet, est toujours bienvenue). On sait ce que valent les protestations de démocratie dont l'Europe a fait sa vitrine, quand elle passe à tabac dans l'arrière-boutique. On sait surtout ce qu'est un Eurogroupe, chose abstraite dont la connaissance était abandonnée aux comptes-rendus officiels de la presse *embedded*, et dont la réalité est à découvrir dans les récits hallucinants qu'en ont faits Yanis Varoufakis ou Euclide Tsakalotos, Hurons rationnels propulsés dans une secte, en une expérience semblable à la traversée du miroir, où tout est inversé puisque, comme de juste, ceux-là mêmes qui s'enveloppent dans la « rationalité économique » et le « réalisme » ont en fait, et depuis belle lurette, rompu les amarres avec toute réalité, pour s'enfermer dans un entre-soi autistique sans la moindre lucarne sur le monde. Vu d'assez loin, il y a parfois de quoi rire de certains dogmatismes sectaires si, par exemple, c'est celui des adorateurs du Poireau ou des prophètes de la Fin du monde inca (de 2012...). Mais la secte européenne n'est pas drôle. Et rien, absolument rien, ni les infirmations massives et répétées de la réalité, ni les soulèvements électoraux quand il s'en produit (rarement), n'est visiblement plus en mesure de la faire dévier de son cours, ou d'entamer si peu que ce soit la cuirasse.

Révélateur, cependant, Syriza l'aura été sans en avoir eu le projet, et pour ainsi dire à son corps défendant – « apocalyptique » mais presque malgré elle. Car Tsipras, on peine à la croire rétrospectivement, a misé toute sa stratégie sur une hypothèse de « bonne volonté de tous les démocrates » : parce qu'il était démocratique, son mandat aurait force irrésistible – les démocrates ne reconnaissent-ils pas les démocrates, et ne peuvent-ils pas nécessairement faire droit à ce que la démocratie demande chez l'un d'eux ? Deuxième erreur, identique à la précédente mais à échelle réduite : de même que les démocrates ne peuvent qu'être entendus des démocrates, Syriza, étant un gouvernement de gauche, recevrait nécessairement le soutien fraternel des autres gouvernements de gauche. Mais à quel degré ne fallait-il pas être égaré pour considérer Hollande et Renzi comme des hommes de gauche ? Tsipras apprendra sur le tas, et douloureusement, jusqu'où à droite la social-démocratie européenne achève le processus historique de sa décomposition : au moins autant que Merkel et Schaüble, ce sont Sigmar Gabriel et Martin Schulz [1] qui finiront Tsipras à coup de pelle

1. Respectivement Vice-chancelier et président du parlement européen, tous deux SPD.

– sous le regard inerte de ceux qu'il prenait pour ses « alliés ».

Comment, au milieu de tant de failles stratégiques, le projet d'obtenir l'affranchissement de l'austérité mémorandaire tout en restant dans l'euro pouvait-il finir autrement que dans l'humiliante reddition du 13 juillet ? La seule analyse des principes de l'eurozone, de leurs inscriptions institutionnelles et des forces qui les soutiennent, suffisait avant même l'arrivée de Syriza au pouvoir à douter – dans le meilleur des cas – de la possibilité d'obtenir quoi que ce soit de significatif, et ceci d'abord par un argument presque tautologique : on ne saurait attendre la moindre inflexion progressiste d'une construction qui a *constitutionnalisé* ses orientations libérales.

Pour dire les choses franchement, avoir annoncé sans fard cette déconfiture à venir une semaine avant l'élection de Tspiras [1], c'est-à-dire au moment où les passions politiques étaient portées à un point d'incandescence qui les rendait intolérantes à tout contrariement rationnel, n'a pas été couronné d'un grand succès de popularité... Mais encore faut-il

1. Voir ci-dessous le premier des textes ici rassemblés, « L'alternative de Syriza : passer sous la table ou la renverser ».

être un peu au clair quant à la signification des interventions intellectuelles dans le débat politique. Si c'est pour simplement donner un majestueux aval à la direction spontanée des passions de son camp, il se pourrait qu'elles soient dispensables. Et si la place de l'intervention intellectuelle dans la division du travail politique n'est pas celle de l'analyse critique, on se demande quelle elle peut être. En vérité, et comment ne pas le comprendre, l'état écorché de la gauche – la vraie – est le reflet de son désarroi politique, et du fol espoir qui s'empare d'elle chaque fois qu'elle croit voir passer une occasion d'en sortir enfin. Ainsi se trouvent tour à tour massivement investis des noms qu'on voudrait salutaires – Syriza, Tsipras, Varoufakis, Podemos, etc. – avant même toute analyse et au risque des déceptions successives. Qui ne manquent pas, et ne manqueront pas, de se reproduire, ceci pour relever toutes du même principe : l'irrésolution à mettre en cause ce qui doit l'être, l'euro lui-même.

La part involontaire de l'apocalypse grecque se tient précisément en ce point : ayant cru sans discontinuer, en dépit de toutes les infirmations intermédiaires, à la possibilité de relever les peuples européens, le peuple grec d'abord, de l'austérité tout en demeurant dans l'eurozone, l'expérience

Syriza aura établi dans une aveuglante clarté l'exact contraire de ce qu'elle pensait démontrer. L'apocalypse-révélation tourne parfois aussi à l'apocalypse-ruine : ici, c'est l'idée de « l'autre euro possible » qui finit en gravats. Effondrement à puissante onde de choc, car ce sont peu ou prou toutes les gauches européennes qui auront communié dans cette illusion. Rétives à voir ce dont la simple analyse aurait dû les convaincre de longue date, il leur faudra bien maintenant se rendre au spectacle de leur impasse stratégique.

Les échecs politiques, comme celui de Syriza, échappent à la pure négativité pour peu que quelques leçons en soient tirées. C'est d'avoir refusé par principe l'option de la sortie de l'euro qui a condamné Syriza à une défaite écrite avant même le premier affrontement. Et c'est de persister dans ce refus qui voue à une semblable inanité l'entreprise déjà démissionnaire de Podemos, ou dans un autre genre la trajectoire étrange de Yanis Varoufakis qui a pourtant expérimenté de première main la violence des institutions européennes, leur ignorance radicale de tout ce qui peut, de près ou de loin, tomber sous le nom de « démocratie »... mais persiste à vouloir un « euro démocratique », aussi rigoureusement oxymorique qu'un euro défait de l'austérité. C'est donc peu dire qu'il reste du chemin à faire à gauche... mais au moins le chemin est-il commencé ! Et, pour toutes ses errances, c'est à Syriza qu'on le devra.

Pour que le passage météorique de Syriza, passage dont il faut sans doute considérer qu'il est achevé, car c'est par pure illusion nominale que l'on continue de donner la même appellation à l'entité qui, après en avoir promis la levée, se fait maintenant gestionnaire des mémorandums, pour que ce passage, donc, ne soit pas totalement vain, il faut poursuivre ce que, malgré lui, il aura révélé, et qui tient finalement en quelques énoncés assez simples : 1) il n'est pas de politique progressiste possible à l'intérieur de l'eurozone ; 2) or le cadre institutionnel de l'euro ne peut pas être transformé à terme raisonnable (et peut-être même du tout) ; 3) *par conséquent* – mais la conséquence est la chose qui manque le plus à la gauche – il n'y a aucune perspective politique sinon hors de ce cadre ; 4) il appartient à la gauche, car elle seule en est capable, de penser la sortie du cadre dans des termes qui excluent radicalement ceux des sorties « à repli », les sorties de droite, ou plutôt d'extrême-droite.

Mais encore faut-il que la gauche soit elle-même persuadée qu'elle le peut ! Or la gauche a perdu tous les instruments de pensée qui lui permettraient d'y croire. Plus exactement, elle les a abandonnés elle-même. La voilà alors incapable de retrouver le sens à donner à une catégorie comme la souveraineté, effrayée à la simple idée de penser dans sa généralité le fait national, mais hors d'état (et pour cause…) de penser sérieusement un monde « post-national », hors d'état également de penser la variété des *formes* sous lesquelles peut se réaliser le principe national – la seule question intéressante –, la voilà donc stupéfiée, enfermée dans une posture internationaliste de raccroc, au demeurant mal comprise, le piège parfait d'où elle est bien certaine de ne plus jamais pouvoir forcer la condition nécessaire à toute politique progressiste possible : sortir de la cage (plutôt qu'en repeindre les barreaux).

Mais le choc du 13 juillet est venu, et la donne pourrait en être changée pour les gauches européennes. Peut-être apercevront-elles bientôt qu'un autre euro n'est pas possible, que rien n'est envisageable dans celui que nous avons, qu'il appartient à ceux qui le pourront d'en sortir sans attendre les autres, qu'entre-temps les gauches européennes doivent travailler toujours plus étroitement autour de cette perspective qui les concerne identiquement, que c'est là le sens véritable de l'internationalisme, qu'il y va de donner à la sortie *la forme de la gauche* et pas une autre, que cette forme *existe* car, sauf pour les idéologues endurcis, on peut concevoir les liens les plus étroits et les plus variés entre les nations hors d'une monnaie unique. Et qu'au total c'est là la seule voie pour la gauche hors de l'inanité.

Lorsque des idées simples sont restées si longtemps impuissantes et que tout soudain le spectacle d'un événement vient leur donner un appui aussi inespéré, c'est une faute de ne pas tirer parti de l'aubaine autant qu'on peut. Que la publicité mensongère gagne dans l'univers intellectuel n'est pas une raison suffisante pour y succomber à son tour, aussi avertira-t-on le lecteur régulier du blog « La Pompe à Phynance » (*Le Monde Diplomatique*) qu'il ne trouvera ici rien qu'il n'y ait déjà lu – propre même du recueil de « chroniques », si, en l'occurrence, on peut appeler ainsi des textes écrits dans l'irrégularité des péripéties. Avec d'ailleurs toute sa part d'incertitudes, et même de fausses routes, comme celle de la rechute, au moment du référendum du 5 juillet, dans l'espoir que Tspiras, enfin dessillé, pleinement conscient de l'impasse où il s'était enferré jusqu'ici, était sur le point de retrouver cette grandeur stratégique seule capable des ruptures qui font la vraie politique – las, le faux espoir sera ruiné en une semaine, et nous apprendrons même quelques mois plus tard que Tsipras escomptait secrètement la victoire du « oui » pour mieux cautionner sa propre reddition sans condition [1]...

Chroniques écrites dans l'irrégularité des péripéties, donc, mais aussi – il faut tout de même le dire ! – dans l'unité d'une séquence historique. Et dans la nécessité d'une intervention qui en condense les enjeux. À commencer par celui du « point de bascule » : car, sous le choc de l'événement de juillet, la gauche a été ébranlée. Quand une situation oscille ainsi en un ancien point d'équilibre devenu instable, sur le point de basculer – ici dans le bon sens ! –, la responsabilité de l'intervention c'est d'apporter sa poussée. « Retourner » la gauche jusqu'ici perdue dans l'illusion « alter-européiste », c'est, ni plus ni moins, rendre possible sa reconstruction, frappée d'impossibilité tant qu'elle refusait, par fétichisme internationaliste mal placé, de s'en prendre au verrou lui interdisant d'incarner toute alternative. C'est pourquoi d'ailleurs, plusieurs des textes ici

1. Yanis Varoufakis, « La nuit où Tsipras m'a dit : il est temps de se rendre », entretien avec Aude Lancelin, *L'Obs*, 8 octobre 2015.

rassemblés se consacrent à faire voir que l'internationalisme investi dans la monnaie unique, la libre circulation des marchandises et des capitaux n'est rien d'autre que le chemin de la perdition. Qu'il existe bien d'autres manières de donner corps à l'idée internationaliste, pour une fois comprise au plus près de sa dénomination même : inter-nationalisme, soit ce qui se tient entre les nations et, par extension, ce qui convainc les nations de s'intéresser toujours plus les unes aux autres, de pousser toujours plus loin entre elles toutes les solidarités praticables, soit l'antidote aussi bien au nationalisme obsidional lui-même qu'à l'argument misérable qui y ramène systématiquement tout projet de s'extraire de l'euro.

Un paradoxe historique douloureux aura voulu que la vraie gauche s'abîme à peu près autant que la fausse dans le piège de l'euro, évidemment pas sur le mode de la ratification enthousiaste, mais en refusant de voir que cette construction n'était pas amendable et qu'elle lui interdisait d'être ce qu'elle est : la gauche ! Nous voilà donc en un moment très particulier où l'ébranlement demande quelque aide pour produire tous ses effets, pour que la vacillation du premier choc devienne franche bascule. C'est-à-dire pour que, définitivement affranchie de l'interdiction européiste où elle s'était elle-même enfermée, la gauche trouve enfin la voie de sa reconstruction. Voilà le coup à marquer. On conviendra qu'il en valait la peine.

L'alternative de Syriza : passer sous la table ou la renverser [1]

Il y a maintenant longtemps que l'Europe s'est enfermée elle-même dans la nasse constitutionnelle des traités libéraux, d'où elle n'a plus laissé que deux voies de sortie, et deux seulement : 1) l'effondrement financier de la construction sous le poids de ses contradictions internes, ou bien 2) un accident politique qui renverse la table. La première issue ayant été – temporairement – enrayée par l'annonce du programme OMT de la BCE [2], il ne reste que

1. Ce texte a été publié sur le blog « La Pompe à Phynance », Le Monde Diplomatique, le 19 janvier 2015.

2. Annoncé en juillet 2012, mis en place en septembre de la même année, le programme OMT (*Outright Monetary Transactions*) autorise la BCE à racheter des volumes potentiellement illimités de titres souverains de l'eurozone. Cette décision a eu

la seconde, raison qui conduit le grand parti institutionnel-européiste à regarder la démocratie, non comme un état normal de la vie politique, mais comme une source permanente de menaces, dont l'étouffement justifie tous les moyens.

Sans questionner davantage la solidité réelle du verrou tiré à la voie 1 (l'OMT), se peut-il que le degré de confiscation des institutions politiques dans à peu près tous les pays laisse la moindre chance à la voie 2 – hors bien sûr d'un soulèvement en bonne et due forme ? L'expérience Syriza, si tant est qu'elle ait lieu, nous donnera rapidement une réponse. On ne peut pas dire que les choses se présentent idéalement pour Tsipras. C'est que l'Allemagne, très consciente du danger, a par anticipation savonné la planche en déclarant que la sortie de la Grèce est une éventualité à laquelle la zone euro pouvait désormais très bien faire face, manière de fixer d'emblée les termes du rapport de force qui ne manquera pas de se former dès qu'un gouvernement Syriza en place fera connaître ses intentions de renégociation.

---

un effet quasi-instantané sur les investisseurs, et a probablement sauvé l'euro de la troisième attaque (juin 2012) qui promettait de lui être fatale.

« La CDU » et « l'égoïsme », ou l'asile de la cécité européiste

C'est en général le mauvais moment à passer pour le commentariat européiste, désespéré de cette obstination dans la rigidité qui finit – il s'en rend bien compte – par fabriquer une Europe à sale gueule, et qui, pour contenir son accablement, n'a trouvé que la double ressource de mettre la chose au compte de la CDU (« ça n'est pas l'Allemagne, c'est la *droite* allemande »), ou bien à celui des « égoïsmes » (« les Allemands ne veulent pas payer pour les autres »). Evidemment la double ressource est une double erreur, comme suffit d'abord à le faire apercevoir l'adhésion zélée aux principes de l'Europe libérale de la « gauche » française, et en fait de toutes les gauches de droite européennes, équivalents fonctionnels du SPD, lui-même aussi droitier qu'elles toutes. Mais, comme l'atteste également la permanence de l'indigent réflexe « intellectuel » qui retourne systématiquement à l'explication morale des choses, ou à l'explication des choses par la morale, en l'occurrence l'« égoïsme », quand évidemment la « solidarité » règlerait tous nos problèmes – misère d'une construction politique qui n'a plus que le recours de la vertu pour espérer contenir ses tares congénitales.

Or rien dans cette affaire allemande, n'a à voir ni avec la « droite » ni avec l'« égoïsme », et tout avec la défense de *principes* – qui n'ont rien de moraux. Des principes monétaires, inscrit dans une croyance collective, transpartisane, formée à l'épreuve du trauma de l'hyperinflation de 1923, conçue, à tort ou à raison – en l'occurrence à tort –, comme l'antichambre du désastre maximal, le nazisme.

Il reste que, dans les négociations à répétition avec la Grèce, il y va moins, pour l'Allemagne, de « payer » ou de « ne pas payer », que de maintenir des principes d'orthodoxie – équilibre budgétaire, indépendance absolue de la banque centrale, interdiction de tout financement monétaire des déficits – dont elle s'est fait une constitution économique, une identité nationale de remplacement, un rempart imaginaire contre le chaos social, et la condition *sine qua non* de sa participation à la monnaie unique. Perdre des milliards d'euros, l'Allemagne y consentirait sans ciller si d'aventure l'abandon par l'Europe des impératifs monétaires catégoriques qu'elle lui a imposés jusqu'ici la déterminait à sortir – elle ! – de l'euro, au prix d'une réappréciation du néo-mark qui torpillerait ses surplus commerciaux. Mais plutôt ça, que transgresser. Et plutôt seule avec ses principes que mal accompagnée par des irresponsables.

Merkel bluffe-t-elle ? – non

Comme souvent, la sauvegarde des valeurs les plus sacrées s'accomplit au travers des manœuvres les plus troubles. Il n'échappe à personne, spécialement depuis les déclarations d'Angela Merkel, qu'un grand jeu de poker est en train de se mettre en place, avec stratégies de pré-intimidation et construction avancée du rapport de force. Au poker, comme on sait, tout l'art est dans l'appréciation du bluff. Merkel bluffe-t-elle ?

Il y a de quoi se poser la question quand on sait les angoisses qui ont entouré en 2012 l'éventualité d'une sortie de la Grèce. Les choses ont-elles changé depuis qui donneraient quelque nouveau crédit à l'apparente légèreté allemande quant à cette perspective ? En fait oui, et pour une raison essentielle : la restructuration de la dette grecque de 2012, telle qu'elle a eu pour effet, après digestion du *haircut* par les créanciers privés, de remettre la plus grande part des titres grecs aux mains des créanciers publics – l'UE, le MES, le FMI et la BCE détenant ensemble 254 milliards d'euros [1] contre 44 au secteur privé.

1. Qui se décontractent en UE : 53 Mds € ; MES : 141,8 Mds € ; FMI : 32 Mds € ; BCE : 27,7 Mds € (d'après *Flash Natixis*, 5 janvier 2015, n° 12)

Or les craintes qu'inspirait le scénario d'une sortie de la Grèce étaient essentiellement liées à la réactivation d'un risque de système en cas de défaut sur une dette à l'époque de 360 Mds d'euros, mais surtout détenue à presque 85 % par les investisseurs privés. Le fait même de la restructuration aura montré que cette crainte était probablement surestimée, puisque la sphère des créanciers privés aura absorbé des pertes entre 50 % et 70 % de valeur nominale sans dommage apparent. A fortiori maintenant le risque systémique n'est-il plus sur la table – « on peut y aller » conclut l'Allemagne, qui n'a jamais cessé de penser à ses banques dans toute cette affaire [1].

Si les effets collatéraux proprement financiers d'une sortie-défaut semblent assez contrôlables, qu'en est-il cependant des effets collatéraux politiques – alias la contagion ? Car il est bien certain que la sortie d'un pays aurait l'effet d'un coup de tonnerre, aux fortes propriétés d'émulation. Spécialement au Portugal et en Espagne, où des élections législatives doivent se tenir respectivement en novembre et décembre. Mais où en seront les effets d'émulation à ce moment précis ? Probablement pas à leur meilleur, c'est à craindre. Il faut avoir

1. Comme tous les autres pays d'ailleurs.

l'honnêteté de reconnaître qu'entre difficultés logistiques de la réinstallation de la drachme, imperfections de la mise en place des contrôles de capitaux, super-dévaluation de fait, immédiateté de l'inflation importée, temps de réponse des exportations, etc., un processus de sortie-défaut commencera par une phase passablement chaotique, dont la stabilisation, puis la matérialisation des bénéfices, demanderont au moins douze et plus probablement dix-huit mois. Fin 2015, ce sera le fond du creux – soit la plus mauvaise image possible à offrir pour une stratégie de sortie de l'euro, et un caviar pour les « on vous l'avait bien dit » européistes.

N'y a-t-il pas cependant un coin à enfoncer dans le gambit allemand, tout de même marqué par une fameuse contradiction ? Car l'Allemagne déclare par avance s'opposer à toute restructuration de la dette détenue par les créanciers publics si la Grèce reste... mais n'aurait plus qu'à se passer le papier grec en tisane si jamais elle sortait. Annoncer que la moindre perte est intolérable avant, pour consentir – de fait – à tout perdre après, signale au minimum une logique un peu branlante. Et moyennement crédible. Il n'y a là cependant de contradiction qu'au regard d'une logique incomplète, car il faut dire à nouveau que l'Allemagne est moins près de ses sous qu'elle n'est près de ses principes. Refuser de concéder en matière de dette grecque n'a pas à voir avec un égoïsme qui veut faire des économies, mais avec la sauvegarde d'un dogme monétaire – celui que l'Allemagne a imposé à l'Europe monétaire, dont le rigoureux maintien est la condition *sine qua non* de sa propre participation, et pour lequel elle est prête à payer des milliards.

La « négociation », ou la certitude du dessous

Dans ces conditions, disons tout de suite que, pour Syriza, le gosse se présente par le siège. Il est vrai que le parti de Tsipras s'est lui-même mis dans un mauvais cas, à soutenir, avec la plus complète inconséquence et son projet de revenir sur le mémorandum, et son désir de rester dans l'euro. Il y avait là une contradiction que son aile gauche, incarnée par exemple par Stathis Kouvelakis, n'avait pas manqué de relever, et depuis quelque temps déjà : la marge des accommodements avec l'Euro-Allemagne sur la dette grecque a été épuisée avec la restructuration imposée aux créanciers privés, imaginer qu'elle pourrait être étendue aux créanciers publics, *a fortiori* quand on compte parmi ceux-ci la BCE, tient maintenant du rêve éveillé.

L'alternative pour Syriza est donc des plus simples : plier ou tout envoyer paître. Mais il n'y aura pas de tiers terme. Et si Tsipras imagine qu'il pourra rester dans l'euro et obtenir davantage que des cacahuètes, il se raconte des histoires. Sans doute pourra-t-on compter sur le commentariat européiste pour nous faire paraître les pistaches de gigantesques avancées, peut-être même des victoires triomphales, en tout cas la démonstration en acte de la formidable flexibilité des institutions européennes. La vérité c'est que Tsipras ne dépassera pas le stade de l'apéro, et plutôt bon marché, car l'Euro-Allemagne ne cèdera rien, pas ça –demanderait-il davantage que Merkel lui montrerait aussitôt la porte.

Mais que veut Tsipras exactement ? Tendanciellement de moins en moins, semble-t-il. En deux ans, Syriza est passé d'une remise à plat complète du mémorandum à un très raisonnable rééchelonnement de la dette détenue par les créanciers publics. Il est certain qu'à ce degré d'affadissement, pour ne pas dire de renonciation, les contradictions sont moins aiguisées… Il ne l'est pas moins que toute entreprise de délestage de la dette, et d'affranchissement de la camisole de force des politiques économiques, conduirait à une éjection de fait de la zone euro, dont on remarquera qu'il n'est nul besoin d'un article (en l'occurrence manquant) des traités européens pour y procéder, ainsi que le cas chypriote a commencé d'en faire la démonstration : il suffit à la BCE de mettre le système bancaire grec sous embargo – concrètement : de lui interdire l'accès au refinancement – pour lui faire connaître dans les 24h une tension d'illiquidité telle que la reconstitution en urgence d'une banque centrale nationale devient le seul moyen de le sauver de l'effondrement complet. Laquelle reconstitution équivaut à celle d'une monnaie nationale, puisqu'il ne saurait être question que la BCE reconnaisse comme euros des émissions monétaires en provenance de sources autonomes, situées hors de son contrôle. Les banques grecques pourraient être assez vite réintégrées dans le réseau international des paiements interbancaires, tout ce qui vient d'elles cependant étant compté comme drachmes, le cas échéant à un taux de change de un pour un à l'instant t = 0 – en attendant la dégringolade qui ne manquerait pas de se produire.

Le chemin rectiligne de la normalisation à la désillusion

Ce sera donc l'euro et la dette, ou bien aucun des deux. Or rien ne semble préparer à ce second terme de l'alternative si l'on considère et la dérive politique de Syriza et le prétexte que lui donnent des sondages assurant que la population grecque demeure très attachée à la monnaie unique – et pour cause : Syriza, dérivant, a de fait abandonné de produire l'effort requis pour ancrer l'abandon de l'euro dans l'opinion comme une option possible, conformément par exemple à une stratégie d'affrontement gradué, au bout de laquelle l'arme ultime de la sortie est indiquée comme fermement intégrée à l'arsenal d'ensemble.

Mais l'on n'en revient pas de ces abandons successifs qui ont conduit un mouvement prometteur à une normalisation si rapide. Et le condamnent à brève échéance à de douloureuses désillusions : car il faut avoir un gros moral pour imaginer que de simples opérations de rééchelonnement, à politique économique globalement invariante, pourrait avoir quelque effet significatif sur l'économie grecque, dont on rappellera tout de même qu'elle a perdu 20 % de PIB depuis 2010 – soit un score qui qualifie pour les annales de la Grande Dépression façon

Etats-Unis années 30, mais sans New Deal pour en sortir.

On n'en revient pas, donc, mais en fait, si, on en revient très bien. Car il n'y a là rien d'autre que l'effet écrasant des institutions du parlementarisme, dont le jeu réglé condamne irrésistiblement les disrupteurs politiques, soudainement magnétisés par l'objectif électoral, à nécessairement trahir tout ce qui a fait leur entrée en scène fracassante en infléchissant leur course vers le centre, à la manière dont Syriza a entrepris de récupérer les troupes atomisées du Pasok – un destin que Podemos connaîtra à son tour, à n'en pas douter (mais c'est en réalité déjà fait).

Après deux ans d'édulcoration déjà si prononcée, ne serait-il pas de l'ordre du miracle politique que Syriza ait la ressource interne d'en revenir à sa radicalité première pour envisager à nouveau une sortie de l'euro au cas – probable – où la renégociation du mémorandum ne livrerait que des queues de cerise ? La politique n'étant pas exactement le lieu d'élection du miracle, l'écrasement sous le poids des institutions européennes et du parlementarisme national réunis, et l'abandon de fait de toute ambition d'en finir avec la camisole néolibérale, sont bien le résultat prévisible de cette chronique d'une normalisation annoncée. Rude – mais salutaire – leçon de choses pour tous les partis de la (vraie) gauche européenne qui, à l'image du Front de gauche, n'en finissent pas de tourner autour du pot – s'ils tournent encore... – pour se perdre dans le rêve d'une « transformation de l'euro de l'intérieur », cette chimère dont Syriza leur montrera bientôt et l'inanité et le coût politique.

La réaction européiste, entre le bâton et la carotte

En vérité, la leçon sera, à terme, cuisante pour tout le monde. Car un gouvernement Syriza déconfit et ramené à une austérité à peine adoucie, sera moins la preuve en acte de la qualité des compromis européens que celle de ce que la zone euro est une taule qui ne connait pas les remises de peine. C'est pourquoi l'européisme, lui aussi, va devoir s'employer pour rattraper les dégâts, selon deux lignes prévisibles, la première, celle des intégristes, qui, déterminés à ne jamais rien céder sur rien, se mettront en devoir de justifier que les demandes grecques étaient « économiquement » impossible à satisfaire ; la seconde, celle des ébranlés, dans l'esprit desquels les quatre années écoulées ont fini par faire passer l'ombre d'un doute, et qui se mettent déjà le cervelet au court-bouillon pour tenter de sauver leur belle Europe, moyennant un nouveau tour de manège constitutionnel.

D'une certaine manière, c'est l'intégrisme qui a la vie facile. La décision de se tenir à la croyance quoi qu'il arrive simplifie la réflexion, et ne demande que de trouver des chevilles pour accommoder les éventuels « défauts ». Ici l'intégrisme dira : parmi les créanciers publics, le plus précieux, le plus vulnérable, le plus délicat, c'est la BCE. Annuler la dette grecque, c'est prendre le risque de la mettre en perte, et condamner les Etats-membres, c'est-à-dire – ici néon – le *contribuable*, à devoir la recapitaliser

On notera d'abord la faible consistance de l'argument qui, parmi les créanciers publics, fait grand cas des pertes de la BCE mais fort peu de celles du MES et de l'UE elle-même (27,7 Mds € d'un côté contre 141 Mds € + 53 Mds € de l'autre pourtant). Mais c'est que dans « banque centrale », il y a « banque », qui permet de faire jouer toutes les associations d'idées avec la crise financière de 2007-2008, comme si la BCE était une sorte de Lehman Brothers en plus gros. « La faillite d'une banque » (de plus), et le spectre à nouveau du « grand effondrement », voilà l'épouvantail agité par les demi-habiles du monétarisme européen.

À l'exact opposé de leurs vaticinations cependant, la banque centrale, parmi toutes les « banques » (et en fait toutes les entités économiques), est la seule pour laquelle la prise de perte est d'une totale innocuité, en tout cas la faillite une catégorie entièrement dénuée de sens, et ceci pour cette simple raison que la faillite est un état d'illiquidité... que la banque centrale ne peut connaître puisqu'elle est, elle-même, la source de toute liquidité ! La banque centrale crée la liquidité. Elle la crée *ex nihilo*, par une opération qui n'a rien de magique, mais exprime une croyance collective en l'acceptabilité du signe monétaire comme équivalent général, inscrite dans des institutions particulières (qui, par ailleurs, se distinguent par leurs propriétés à reproduire plus ou moins bien cette croyance). Instance ultime de la liquidité, sommet de la pyramide du refinancement, au-delà duquel il n'y a plus rien – oui, c'est un peu vertigineux pour certains esprits innocents –, la banque centrale n'a pas à être elle-même « refinancée » ou recapitalisée, contresens conceptuel qui témoigne d'une incompréhension profonde des mécanismes monétaires : la banque centrale, si besoin est, apure ses propres pertes et s'autorecapitalise par création monétaire pour ainsi dire *pro domo*.

Comme souvent cependant, au voisinage immédiat des demeurés, il y a les cyniques – et les idéologues. Ceux-ci savent très bien que la banque centrale *peut* combler ses pertes par ses propres moyens de création monétaire, mais ils ne le *veulent* pas – essence même du dogme monétariste qui regarde toute création monétaire « anormale » comme un fléau en cours de formation. Mais qu'est-ce que l'« anormalité » en cette matière ? À cette question, le monétarisme appliqué répond invariablement : tout ce qui excède les besoins de refinancement des banques privées, et notamment tout ce qui pourrait constituer une opération plus ou moins médiate de soutien aux Etats – en quoi consisterait indiscutablement une annulation de la dette grecque inscrite à l'actif de la BCE.

Voilà pourquoi, en passant, le monétarisme se soucie bien moins des pertes du MES que de celles de la BCE en dépit de leurs ordres de grandeur comparés. Les premières sont des pertes sèches pour les Etats-membres, et ceux-ci devront les combler par de nouvelles ressources *financières*, prélevées ou empruntées – et ça leur *coûtera*. Les secondes relèvent d'une pure opération de monétisation, qui plus est à destination d'un Etat (grec) – de celles qui appellent le pieu en bois.

En tout cas la théorie dite « quantitative »[1] ignore ici étrangement toutes les considérations de quantité pour ne répondre en fait qu'à des critères qualitatifs. Que le programme LTRO de la BCE ensevelisse les banques privées européennes sous mille milliards d'euros à des taux proches de zéro et pour des échéances tout à fait hors des standards habituels de la politique monétaire, la chose est déclarée parfaitement « normale ». Que l'Etat grec se voie offrir une remise de dette de 27 milliards d'euros, c'est le commencement d'un laxisme aussitôt affublé par les médias de l'étiquette « planche à billets », elle-même annonciatrice de la remise en circulation des brouettes pour aller acheter le pain.

Quoiqu'elle ne soit jamais si visible qu'en ces situations très concrètes où le maniement à géométrie variable des mêmes arguments apparaît dans toute sa splendeur, l'entravement de la puissance publique est l'omniprésent non-dit de la construction européenne, dont les articles de traité ne donnent qu'une expression technique, affadie et méconnaissable comme telle. De l'interdiction

1. Le monétarisme repose sur la théorie dite « quantitative » de la monnaie pour laquelle seul le volume des agrégats monétaires est déterminant.

des aides d'Etat à la fermeture de tous les degrés de liberté de la politique économique, l'impotence de la puissance publique, pour mieux dégager la piste aux puissances privées, est pourtant méthodiquement organisée. C'est le genre de chose qu'à l'inverse des « intégristes » – dont c'est le projet même ! –, les « ébranlés » peinent un peu à voir. Il est vrai que, munis de la prémisse que l'Europe est par essence destinée au bien, c'est presque tout leur champ de vision qui pendant des décennies n'a été qu'une gigantesque tache aveugle. Aussi, passé le moment sans doute un peu tardif de l'ébranlement, se mettent-ils précipitamment en devoir de rafistoler le bouzin, avec malheureusement pour seul viatique intellectuel une idée de la politique qui oscille entre une vision de plombier et celle, plus enfantine, de l'ardoise magique.

Les eurobonds, ou la politique du plombier

En suivant d'abord leur ligne de plus grande pente, celle du bricolage technique, comme si quelques nouvelles tubulures financières pouvaient apporter de réelles solutions à des problèmes fondamentalement politiques. Le désastre de la monnaie unique était déjà un pur produit de cette forme de pensée, mais peu importe, c'est sans doute qu'« on n'était pas allé assez loin ». Si la monnaie unique est un peu branlottante, c'est d'avoir oublié de la compléter de la dette unique. Si la monnaie unique est un peu branlottante, ce serait d'avoir oublié de la compléter de la dette unique. Et toujours pas un pour s'aviser que l'élément manquant n'est pas à chercher dans quelque introuvable instrument miraculeux de la politique monétaire ou financière, les eurobonds ou autre chose, mais dans une authentique communauté politique, pour encore longtemps manquante. Et faute de laquelle toute mise en commun des instruments techniques, loin de faire faire quelque progrès, n'a pas d'autre effet que d'approfondir la crise politique chronique, symptôme par excellence de la malfaçon européenne.

Cette crise politique est une crise de la souveraineté, crise de la soustraction à la délibération démocratique de la politique économique, réduite à une automatique asservie à des valeurs-consignes déposées dans les traités. Dans ces conditions le rapport des institutions européennes aux Etat-membres ne peut être qu'un rapport de *surveillance*. Et de mise sous tutelle quand les écarts de trajectoire passent un seuil critique.

C'est cette logique que la mutualisation de la dette, solution fétiche des ingénieurs-économistes dépourvus de toute vision politique, va porter à un degré inouï. Car, à supposer même que l'Allemagne donne son aval à des eurobonds (auxquels, en première instance, elle a tout à perdre), ce ne pourrait être qu'à la contrepartie d'un dispositif de surveillance sans précédent dès lors que s'établit un mécanisme très formel de garantie solidaire.

Peut-on imaginer que l'Allemagne (et pas seulement elle d'ailleurs) consentirait à apposer sa signature sur des papiers émis solidairement par la Grèce, l'Espagne, le Portugal... et même la France, sans s'assurer de l'absolue rectitude de leurs politiques économiques, c'est-à-dire de leur absolue soumission à des règles draconiennes qui donneront rétrospectivement à celles d'aujourd'hui des airs de camp de vacances. Ce sont donc tous les caractères présents de la monnaie unique que les eurobonds viendraient accuser, et notamment celui de la dépossession pure et simple de souveraineté, la moindre entorse par un Etat-membre donnant lieu à une prise des commandes en direct de sa politique économique par les instances européennes, soit une forme de troïkation généralisée, désormais établie comme institution permanente de l'Union – et il faut avoir de sérieuses propensions au rêve éveillé pour voir dans cette nouvelle configuration du knout une formidable avancée.

L'ardoise magique de l'« avancée démocratique »

Mais la propension au rêve n'est pas ce qui fait défaut à l'européisme ébranlé. *« Seule une refondation démocratique de l'Europe permettrait de mener des politiques de progrès social »* déclare ainsi avec emphase Thomas Piketty [1]. Sans doute – d'ailleurs si ma tante en avait. Malheureusement (?), elle n'en a pas. Il s'agirait donc de s'aviser que la neutralisation des souverainetés populaires n'est pas une erreur accidentelle, ou une mauvaise tournure malencontreusement acquise en cours de route, mais bien un parti pris constitutionnel et réfléchi, voulu au premier chef par l'Allemagne pour garantir l'absolu respect des principes auxquels elle a conditionné sa participation à la monnaie unique.

De même que Syriza rêve en pensant avoir et le maintien dans l'euro et l'affranchissement de l'austérité, l'européisme ébranlé rêve quand il espère tenir

1. Thomas Piketty, « 2015 : quels chocs pour faire bouger l'Europe ? », *Libération*, 29 décembre 2014.

ensemble la participation allemande et la remise complète de la politique économique à la discrétion démocratique. Car la discrétion, c'est-à-dire le maniement souverainement flexible des instruments de la politique économique, notamment monétaire, c'est le cauchemar par excellence de l'ordolibéralisme allemand transplanté à l'échelle européenne. Si donc, en cette matière, la démocratie s'assimile à la discrétion, et que l'Allemagne fait du refus de la discrétion un point d'intransigeance, la réclamation emphatique d'une refondation démocratique a à peu près autant de consistance que celle qui voudrait réformer la curie romaine sur la base d'un club naturiste.

Evidemment, ce sont là des questions qui excèdent passablement la vue économiste des choses, et qui requièrent de s'interroger préalablement sur les conditions de possibilité de la constitution d'une communauté démocratique pluri-nationale. Non que cette constitution soit impossible *par principe*. Mais que rien, symétriquement, ne garantit qu'elle soit de l'ordre de l'évidence [1]. Si l'on veut bien se

1. Pour une discussion plus substantielle de ce problème, voir *La Malfaçon. Monnaie européenne et souveraineté démocratique*, Les Liens qui Libèrent, chapitre 6, « Un peuple européen est-il possible ? ».

souvenir que l'Allemagne n'est entrée dans la communauté monétaire européenne qu'à la condition de lui imposer ses propres principes –tels qu'ils font l'objet d'une adhésion largement transpartisane et pour ainsi dire méta-politique –, on devrait tout de même avoir à l'idée de se poser quelques questions, et notamment celle de la compatibilité d'un tel ultimatum avec toute construction démocratique.

Mais, questionneur, il y a beau temps que l'européisme a oublié de l'être. Il est vrai que le monde des abstractions constitutionnelles est autrement plus confortable que le réel. C'est pourquoi on s'adonne avec ardeur à l'architecture en chambre, à la manière du « Manifeste pour une union politique de l'euro » [1], manifeste politique sans pensée politique, incapable de voir tout ce que la construction d'institutions politiques appelle de prérequis, et notamment l'existence d'une consistance communautaire minimale, où résident les conditions d'acceptation de la loi de la majorité – le cœur *concret* de la démocratie. Mais jamais l'européisme, qui rêve maintenant d'un parlement de l'euro, ne se soucie de savoir si l'Allemagne, qui pourtant a soumis jusqu'ici toute la construction

1. « Manifeste pour une union politique de l'euro », *Le Monde*, 16 février 2014.

monétaire européenne à ses seuls impératifs, pourrait accepter que soit remis en discussion l'indépendance de la banque centrale, l'interdiction du financement monétaire public, le dogme de l'équilibre budgétaire, l'exposition permanente des politiques économiques aux marchés financiers conçus comme auxiliaires de surveillance, etc. – c'est-à-dire accepter d'être *mise en minorité* sur ces sujets qui lui sont névralgiques.

Le salut pour Syriza ne viendra ni de quelque compromis européen, ni d'une chimérique reconstruction institutionnelle à froid, promesse aussi vide de réalisme politique que faite pour être renvoyée à des horizons perpétuellement repoussés. Mais l'inanité des fausses solutions n'exclut pas qu'il y en ait de vraies. Puisqu'il y a *toujours* une alternative. En l'occurrence, non pas caler le pied de table, pour ravauder son estime de soi avant de passer dessous, mais la renverser.

Pour tous ceux qui, au loin, contemplent dans un mélange d'inquiétude, de doute et d'espoir ce qui peut advenir en Grèce, il ne reste qu'une chose à faire vraiment : contre la force gravitationnelle des institutions qui s'efforcent de ramener les déviants à leur ordre, rappeler à Syriza, en ce point de bifurcation où elle se trouve, tout ce qui dépend d'elle – et qui est considérable : contester vraiment l'austérité de la seule manière possible, la *rupture*, signifier à la face de l'« Union » la sédition ouverte d'avec son ordre néolibéral, c'est-à-dire créer un événement libérateur, pour le peuple grec, mais aussi pour tant d'autres qui espèrent avec lui.

Leçons de Grèce à l'usage d'un internationalisme imaginaire (et en vue d'un internationalisme réel) [1]

Cher Panagiotis, si tu n'étais pas déjà parfaitement au courant de ce qui se passe dans la vie politique française, tu pourrais, tel un Montesquieu contemporain, rentrer chez toi et écrire de nouvelles Lettres Persanes – ou tout simplement des Lettres Hellènes. Tu y raconterais une étrange contrée, la France, où, pour une large part de la gauche se disant radicale, vouloir sortir de l'euro c'est être un fasciste en puissance, réaffirmer le principe de souveraineté

1. Le texte qui suit est une version à peine modifiée de l'intervention au débat organisé par le collectif *Penser l'émancipation* à l'EHESS, le 2 avril 2015, sur le thème « L'Etat, le capital, l'internationalisme. Leçons de Grèce », en présence de Panagiotis Sotiris, dirigeant d'Antarsya. Il a été publié sur le blog « La Pompe à Phynance », Le Monde Diplomatique, le 6 avril 2015.

démocratique contre les institutions européennes qui nous en inflige le dernier degré de dépossession, c'est être le fourrier du Front National.

Misère du posturalisme

Tu témoignerais ainsi de l'apparition d'un nouveau courant de la gauche radicale, ou de la pensée internationaliste – laquelle, Dieu merci, ne s'y épuise pas – qu'on pourrait nommer le posturalisme. Comme son nom l'indique, le posturalisme a pour unique ressort la recherche des postures – avantageuses il va sans dire, et si possible bon marché, car le posturalisme est aussi régi par un robuste principe d'économie, et cherche la maximisation des bénéfices symboliques par la minimisation de l'effort intellectuel. Il s'ensuit que, de même que l'existentialisme était un humanisme, le posturalisme est un illétrisme – il ne sait pas lire : on peut lui mettre sous le nez autant qu'on veut des textes, des arguments, des mises au point, ça ne *passe* pas la barrière de la posture. Pour le coup *no pasaran* ! Mais ce ne sont pas les fascistes qui ne passent pas – avec de pareils opposants, ceux-là ont les meilleures chances de passer, et comme dans du beurre. Non, ce qui ne passe pas, c'est la moindre intelligence dialectique, et le moindre effort d'échapper à une désolante stéréotypie. En tout cas, mon cher Panagiotis, sache-le : tu es un fasciste. Tu veux la restauration de la souveraineté populaire ; constatant son impossibilité dans l'Union européenne, tu veux la sortie de l'euro : tu es un fasciste – je suis bien désolé, mais ici, en ce moment, c'est comme ça.

Evidemment, le problème épineux que tu poses à tous ces gens-là, c'est que tu n'es pas un fasciste... Tu plaides pour la souveraineté populaire grecque, tu parles de la sortie de l'euro, mais tu n'es pas un fasciste. Je peux maintenant t'avouer la raison un peu honteuse pour laquelle je suis vraiment content d'avoir ce débat ici avec toi : tu vas me servir de bouclier humain. Car il ferait beau voir que les pitres posturalistes viennent te dire à toi, toi qui arrives d'un pays en état de persécution économique, d'un pays humilié et mis en situation de crise humanitaire par notre belle Europe, que parce que tu veux en finir avec cela, parce que tu n'as pas la patience d'attendre qu'un autre euro soit possible, que l'Union européenne devienne progressiste et que les autres peuples européens enfin soulevés entrent dans les institutions bruxelloises, bref parce que tu n'as pas le goût d'attendre l'été à Noël, tu es un fasciste.

Vraiment je voudrais les voir ces gens-là, ces professionnels du pharisaïsme, venir te dire en te regardant dans les yeux que vous êtes des fascistes, toi, Kouvelakis, Lapavistas et tant d'autres.

Tu mesures ici le degré de dégradation du débat intellectuel à gauche en France où, pour contrer ce torrent de bêtise, et parfois d'ignominie, qui renvoie spontanément au fascisme toute évocation de souveraineté populaire, toute perspective de se soustraire à la construction européenne qui la fait périr, pour contrer tout cela donc, il n'y a plus que le recours à des boucliers humains… Faute que toute argumentation rationnelle soit permise, il ne reste plus que la solution de présenter des personnes. Des personnes dont il est une évidence incontestable qu'elles sont au-dessus de tout soupçon. Autant te le dire, je ne me résous à ce procédé que la mort dans l'âme, avec vergogne, et accablement. Mais c'est qu'on ne sait plus quoi faire pour tirer cette partie-là de la gauche de son sommeil dogmatique, lui faire voir enfin ce qu'elle refuse de voir depuis tant d'années, et qu'il devrait maintenant lui être impossible de ne pas voir à la lumière des deux premiers mois de Syriza : non, un autre euro n'est pas possible. Si bien que les termes de l'alternative sont posés avec une rude clarté : ou bien sortir, pour enfin tenter de faire autre chose, prendre le risque d'essayer, car essayer, c'est cela le propre de la souveraineté démocratique ; ou bien continuer de crever à petit feu mais d'une mort en fait porteuse des pires renaissances qui soient : les renaissances fascistes, mais les vraies !, pas celles dont accusent les posturalistes pour mieux mettre en scène leur propre vertu – et c'est peu dire qu'en Grèce ces renaissances-là vous concernent de très près.

On se demande alors par quel comble de cécité dogmatique on pourrait vous faire le reproche de tout essayer – oui, unilatéralement, c'est-à-dire nationalement ! – pour vous soustraire à cette perspective mortifère. Et il faut vraiment avoir l'internationalisme sens dessus dessous pour s'acharner à préserver le fétiche d'une monnaie européenne au prix de la mort de toute possibilité de démocratie – on notera au passage cette cruelle ironie qu'une fraction d'un internationalisme se disant de gauche se voue désormais à la cause d'une *monnaie*... On savait que les passions aveugles pouvaient être au principe d'investissements aberrants, mais tout de même pas à ce point.

Les autocensures de Syriza

Ceci étant dit, et maintenant à propos de la situation en Grèce, on hésite à tomber trop rudement sur Tsipras et Varoufakis, dont on se sent spontanément solidaire en face de la brutalité ouverte, et même du désir d'humiliation, qui transpirent de l'Eurogroupe, pour qui le véritable enjeu est de faire un exemple, en faisant mordre la poussière à toute expérience de gauche un peu radicale. Mais enfin il y a des questions politiques que la sympathie ne peut tout de même pas empêcher de poser. En effet, si l'on pouvait difficilement rester insensible à l'arrivée au pouvoir du premier gouvernement vraiment de gauche en Europe depuis… on ne sait même plus dire combien de temps, on pouvait tout aussi bien, et non contradictoirement, dégriser par anticipation les attentes excessives, et avertir, avant même l'élection, de l'échec programmé d'une entreprise de renégociation qui, refusant par principe toute sortie de l'euro, s'est d'emblée privée de tout levier stratégique.

Il faudrait alors s'interroger longuement sur cette autocensure aberrante, dont on peut d'ailleurs tirer des interprétations, et partant des conclusions, assez différentes.

La première considère que la défaite en rase campagne de Tsipras était inscrite dans la trajectoire même de Syriza qui perdait de fait tout latitude politique du moment où elle décidait d'emprunter sagement la voie parlementaire. Car, on le sait, c'est là un jeu dont la grammaire institutionnelle entame d'emblée toute possibilité de rupture véritable. Comment viser le succès électoral, qui plus est en milieu médiatique hostile, sans nécessairement sacrifier en radicalité, et sans devoir repiquer à quelque degré vers le centre – en l'occurrence il s'agissait de ratisser les gros bataillons du Pasok en débandade. Or, comme souvent, soit une trajectoire politique sélectionne les leaders qui lui sont le plus adéquats, soit elle refaçonne ses leaders en cours de route pour produire cette adéquation. En tout cas, en l'état actuel des choses, il semble évident – on serait presque tenté de dire : malheureusement – qu'il n'y avait pas le moindre cynisme manœuvrier dans l'esprit de Tsipras qui, réellement, voulait, et voudrait encore, et le maintien dans l'euro et la fin de l'austérité – c'est-à-dire un cercle carré.

Dans cette première interprétation donc, c'est la logique même du parlementarisme qui produit la réduction et l'autocensure – ce que la possible arrivée de Podemos au pouvoir en Espagne à l'automne prochain devrait donner l'occasion de revérifier. Dans ces conditions en tout cas, et presque tautologiquement, toute tentative d'échapper à cette normalisation suppose de contourner l'instance normalisatrice : contre la voie parlementaire donc, la voie insurrectionnelle.

La deuxième lecture possible est moins radicale. Elle part de l'idée d'un étagement des ambitions politiques. Le renversement du capitalisme est-il à l'ordre du jour ? Rien de moins certain… En attendant, n'y a-t-il vraiment rien de significatif qui puisse être fait ? Evidemment si. Quand bien même toujours dans le capitalisme, la sortie de l'état de persécution économique, c'est déjà quelque chose ! Or, vu de loin, on ne peut s'empêcher de penser qu'il n'aurait pas fallu grand-chose pour que la trajectoire, même parlementaire, de Syriza fût assez différente. Par exemple : l'argument des sondages indiquant une préférence majoritaire pour le maintien dans l'euro n'est d'aucune valeur politique. Si la loi de Say est inepte en économie, en politique l'offre peut sinon faire complètement la demande, du moins contribuer assez largement à la façonner. En deux ans et demi, Syriza aurait pu engager son capital politique et symbolique pour installer la sortie de l'euro dans le paysage des options disponibles.

Et surtout pour en faire une menace de dernier recours, dont la fermeté d'ailleurs aurait contribué, par effet rétrograde, à crédibiliser la position grecque en toutes les étapes de la montée en tension avec les institutions européennes. Or si l'on en croit les récits qui en ont été faits, la négociation semble avoir vu la partie grecque redouter la sortie de l'euro bien plus que le camp d'en face! – inutile de dire que, dans ces conditions, l'affaire était pliée avant même d'avoir commencé...

Impuissance de l'internationalisme imaginaire

L'est-elle définitivement? Les trois mois qui nous séparent de la renégociation de juin pourraient-ils faire ce qui n'a pas été fait en deux ans et demi? Tel est bien l'enjeu stratégique d'une fenêtre historique qui ne se rouvrira pas de sitôt – et ceci à moins qu'un accident financier d'ici juin, dont la probabilité va d'ailleurs croissant chaque jour, ne vienne décider d'une issue dont Tsipras n'aura pas voulu décider lui-même. En tout cas, si la gauche critique européenne, et surtout française, avait deux sous de pertinence, elle prendrait d'abord la mesure de l'abyssale erreur qui aura consisté à rêver pouvoir changer les institutions européennes de l'intérieur. Et puis elle en tirerait quelques leçons élémentaires.

Premièrement, ces institutions ne laissent que le choix d'être souffertes, ou détruites, ou quittées – et rien d'autre.

Deuxièmement, la tâche des trois mois qui viennent est idéologique : il s'agit de peser sur la courte majorité interne de Syriza pour l'amener à cette idée qu'elle n'évitera la défaite historique, totale, et définitive, qu'en préparant dès maintenant, politiquement et matériellement, la sortie de l'euro, c'est-à-dire la reprise en mains par le pays de son propre destin, en rejetant catégoriquement tout ce qui l'en dépossède.

Et, *ce faisant*, en devenant un exemple pour tous les autres peuples européens – car c'est *cela* le commencement de l'internationalisme réel, de l'internationalisme concret. Malheureusement, le jacquattalisme, cette doctrine qui pose que puisque les problèmes sont mondiaux les solutions doivent l'être également, est un schème mental dont l'emprise s'étend bien au-delà des secteurs néolibéraux où il a d'abord été formé. La social-démocratie molle de l'impôt mondial, par exemple, en est un parfait représentant. Mais tout autant, et pour le coup le paradoxe est plus cruel, une certaine forme d'internationalisme révolutionnaire qui condamne d'emblée toute tentative dans un seul pays, et préfère attendre l'arme au pied la synchronisation planétaire de toutes les révoltes avant d'envisager quoi que ce soit.

Au moins les grands libéraux, qui ont assez souvent l'intelligence du cynisme, doivent-ils bien rire quand ils ont réussi à faire avaler à quelques gogos sociaux-démocrates que pour résoudre les problèmes de la mondialisation, il suffit d'attendre la mondialisation des solutions. Jacques Attali nous annonce ainsi régulièrement l'avènement du gouvernement mondial qui viendra réguler les petits excès de la finance, du libre-échange, etc., un message sans doute plein d'espoir, mais dont l'implicite est tout de même qu'il faut nous faire à l'idée de l'avoir profond encore un moment.

Le cas de cet internationalisme révolutionnaire auquel je pense est plus grave : il a lui-même tamponné son propre passeport pour l'impuissance. Car quoiqu'il procède d'intentions diamétralement opposées à celles du jacquattalisme princeps, là aussi il va falloir attendre un moment, si bien que l'un et l'autre, aussi antithétiques soient-ils par ailleurs, ont formellement en commun d'être de longues patiences de la convergence mondiale.

En réalité, les actions révolutionnaires concrètes se moquent bien de ces présupposés dogmatiques. La plupart du temps, elles naissent sans avoir demandé l'autorisation ni des révolutionnaires professionnels ni des intellectuels internationalistes. Elles naissent localement, c'est-à-dire nationalement, et pour une raison toute simple, et entièrement pratique : sauf aux yeux des activistes polyglottes à plein temps, cette internationale étroite du capital culturel voyageur, le renversement d'un ordre institutionnel demande un intense travail de préparation du terrain et une *densité* d'interactions politiques – débats, réunions, rencontres, actions – qui, *en pratique*, ne se rencontrent que dans un cadre local, national – dont la première caractéristique est tout de même d'offrir une communauté linguistique, c'est-à-dire la communauté de débat politique la plus simplement accessible...

Pour un internationalisme réel

C'est en général le moment où de pénétrants esprits viennent expliquer que « le national n'étant pas international, la révolution va se trahir à s'enfermer derrière de hauts murs», etc. Il faudrait, par exemple, reprendre l'histoire de la Commune pour faire litière de ce genre d'imbécillités. Et je voudrais pour ce faire m'aider du livre passionnant de Kristin Ross [1], même s'il me semble montrer une Commune reconstruite qui n'est pas exactement la Commune réelle. Car la Commune n'est pas *d'abord* une insurrection internationaliste. Elle commence même, à l'exact opposé, comme un soulèvement en grande partie patriotique-national. Mais le propre de ce *processus* qu'est la Commune, c'est qu'il va modifier sa nature dans le cours même de son effectuation. Oui, quelque part peu après le 18 mars, la Commune devient une révolution sociale à portée universelle. D'une certaine manière Kristin Ross se fait alors à elle-même sa meilleure objection au travers de son évocation d'Elisée Reclus, dont je crois qu'on pourrait faire un personnage représentatif : à l'origine partisan classique de la République classique, la République républicaine si l'on veut, Elisée Reclus est dégoûté par la trahison des républicains de cette farine et devient un militant de la République universelle.

1. Kristin Ross, *L'imaginaire de la Commune*, La Fabrique, 2015.

Mais jusqu'où pouvait-elle aller *en pratique* cette République universelle ? Commencée sur une base nationale, et même locale, mais dépassant le localisme de ses origines, elle attire à elle, de toute l'Europe, des individus qui perçoivent distinctement que « Français » n'est pas la qualité pertinente pour se sentir concerné par ce qui est en train de se passer, et pour avoir envie de s'y joindre activement. Cependant, si la Commune, en son devenir, acquiert l'essence d'une insurrection internationaliste, en pratique elle ne l'est que marginalement au-dedans – et au dehors pas du tout. Elle reste une insurrection dans un seul pays. Elle s'est déclenchée dans un seul pays, et a lutté dans un seul pays – sans attendre ! il est vrai qu'à cette époque, l'internationalisme n'a pas encore pris sa forme et son impuissance dogmatiques.

Quelles seraient alors les coordonnées d'un internationalisme bien compris, d'un internationalisme qui serait moins rêvé que réel ? Par exemple celles-ci :

1. Tout ce qui vient décentrer les individus de leur particularisme national est bon à prendre. Dans ce « bon à prendre », le meilleur est à trouver dans les luttes d'émancipation anti-capitalistes et dans tout ce qui, oui, les intensifie par le tissage de leurs solidarités internationales.

2. Les soulèvements n'en naissent pas moins localement, dans des milieux nationaux, parce que ce sont les plus à mêmes de voir l'activité politique passer ses seuils de densité critique.

3. Il n'en est pas moins vrai qu'il n'est de révolution progressiste qu'à visée universelle, donc comme adresse à l'humanité générique, donc internationaliste par destination. Une telle adresse est par soi un appel à tous ceux qui s'y reconnaitront, sans égard pour leur appartenance nationale.

4. Mais dans quelle mesure cet appel sera-t-il entendu ? Combien de non-nationaux rejoindront-ils *effectivement* l'action révolutionnaire là où elle vient de naître ? C'est une question dont la réponse est largement indéterminée a priori. Mais enfin il serait prudent à son propos de ne pas trop se raconter d'histoires…

5. À défaut, combien d'autres pays emboîteront ils le pas à celui qui a montré la voie ? On ne sait pas davantage. On sait cependant qu'il y a peu de chance que le mûrissement des conjonctures nationales soit synchronisé.

6. Le pays qui s'est engagé en premier ferait-il alors mieux d'attendre la Grande Coordination Internationaliste ? À ce compte-là, il ne se produira jamais rien, nulle part. Heureusement, dans le pays

où ça se passe, les gens s'en foutent. En réalité, ils ne se posent même pas la question.

Souveraineté et autoposition

Rendu en ce point la question du national et de l'internationalisme vient inévitablement se nouer à celle de la souveraineté. Et là encore au risque des mêmes réflexes sans réflexion, puisque le posturalisme tient beaucoup à établir, comme il se doit, que souveraineté = fascisme. Si c'est une entreprise sans espoir que d'expliquer aux esprits les plus bornés la profonde inanité de ce court-circuit – au regard même des idées qu'ils disent pourtant défendre ! –, la question est d'intérêt suffisamment général pour mériter d'y revenir. Et d'abord en rappelant que, dans son concept pur, la souveraineté n'est pas autre chose qu'un *décider en commun*. Poser que nous décidons en commun, c'est faire déclaration de souveraineté, c'est donner une réalisation au principe de souveraineté – on se demande bien d'ailleurs quelle conception alternative de la politique on pourrait opposer à celle-là ; s'il s'en fait connaître une on aimerait vraiment en découvrir les termes...

En tout cas il faut partir de cette prémisse pour comprendre que, *dans son concept*, la question de la souveraineté n'est pas la question nationale – même si, à l'évidence, c'est aujourd'hui l'Etat-nation qui est la forme historique dominante de réalisation du principe.

Conceptuellement parlant donc, la question de la souveraineté n'est pas la question nationale, ou alors sous une redéfinition – mais tautologique – de la nation, précisément comme la communauté souveraine. Tautologie très productive en fait puisqu'elle nous conduits, entre autres, à une redéfinition *contributive* de la nation. Qu'est-ce que la nation dans ces nouvelles coordonnées ? C'est une collectivité régie, non par un principe d'appartenance substantielle, mais par un principe de *participation* – de participation à une forme de vie. Dans ces conditions, la souveraineté ne se définit pas par une identité collective pré-existante, mais par la position commune d'objectifs politiques. C'est cette affirmation de principes, qui est en soi affirmation d'une forme de vie, qui *fait* la communauté autour de soi, c'est-à-dire qui invite tous ceux qui s'y reconnaissent à la rejoindre – et à y contribuer : à y appartenir en y contribuant.

Mais il ne faut pas s'y tromper : ceci reconstituera un groupe fini. Et même un groupe fermé !

– fermé à tous ceux qui n'adhèrent pas à cette forme de vie. Un reportage récent sur la communauté Longo Maï[1] ramène une parole très caractéristique, et même hautement symptomatique : « ici, c'est pas pour tout le monde », déclare un membre de la communauté. On pourrait, on devrait même, être d'abord choqué, ou au moins s'étonner de ce qui ne peut être entendu autrement que comme une parole d'exclusion. Mais, d'un certain point de vue, une parole d'exclusion légitime, *relativement* à l'affirmation de *cette* forme de vie. Qui se révèle ici, par soi, un principe de clôture, au moins relative.

On pourrait considérer également le Chiapas comme très représentatif de cette logique : le Chiapas est une nation. Mais une nation qui a dépassé l'indigénat des origines pour se porter au stade du pour-soi, une nation consciente et conscientisée par la position explicite – c'est-à-dire souveraine – de ses principes politiques, qui, *en tant que tels*, débordent les anciennes nations, les nations de l'en-soi, simplement consolidées dans et par l'imaginaire substantialiste des origines.

1. Jade Lindgaard, « La ferme des radicaux », Mediapart, 26 février 2015.

Rien de ceci, donc, n'abolit ni la nation, ni l'appartenance, mais en produit un profond remaniement. Un remaniement qui est un progrès en raison, puisqu'il exprime une plus grande conscience, un affranchissement des emprises passionnelles imaginaires, celles des passés mythiques et mythiquement reconstruits, à quoi va venir se substituer un supplément d'auto-position réfléchie. Non pas la nation substance : la nation politique.

Si donc on veut bien se donner la peine d'y réfléchir deux secondes, la souveraineté, c'est cela ! Evidemment les situations historiques réelles ne nous donnent jamais à voir les concepts sous leur forme pure – les concepts ne se donnent à voir que sous l'altération de leurs réalisations historiques concrètes. Au demeurant, le paysage de la souveraineté est toujours fragmenté et multiscalaire : il y a de la souveraineté partielle à toutes les échelles, et à des degrés variables. Le cas de la Grèce, sous ce rapport, est typique, et ceci d'autant plus que la destruction de l'Etat social a conduit à une multitude d'initiatives locales d'auto-réorganisation : cantines communes, jardins collectifs, dispensaires autogérés, etc. – la souveraineté, c'est aussi cela.

Mais ça n'est pas que cela... et ça ne peut pas l'être. Car il y aura nécessairement une composition de toutes les souverainetés locales et partielles en une totalité souveraine de rang supérieur, qui en l'occurrence s'appelle la Grèce. Sans doute la souveraineté grecque, comme celle de tous les autres pays en fait, reste-t-elle marquée par la forme nationale classique, avec tous ses reliquats d'imaginaire substantialiste. Mais l'épreuve de la crise en a aussi indiscutablement augmenté la teneur d'autoposition politique – le clair rejet de l'austérité européenne, c'est bien une affirmation positive de souveraineté !

Non pas la communauté substantielle mais la nation politique

Décidément la Grèce d'aujourd'hui est un laboratoire. Un laboratoire de pratiques, mais aussi, du point de vue de l'analyse, une sorte de bain photographique, un révélateur qui éclaire les pensées, et surtout les impensés de la gauche radicale. Que nous montre en effet la Grèce ? – et ceci par-delà même toutes les probabilités d'échec du processus initialement rêvé par Syriza. Quel spectacle la Grèce nous offre-t-elle qui devrait quand même donner un peu à penser aux militants de l'altereuropéisme et de l'internationalisme imaginaire ?

La Grèce nous montre d'abord que l'Union européenne a maintenant acquis la seconde nature d'une entité entièrement et irrémédiablement néolibérale, et qu'on ne lui fera passer cette seconde nature qu'en la faisant passer elle-même de vie à trépas – je redis les termes de l'alternative : la souffrir, la détruire, ou la fuir. En attendant, cette Union européenne, elle, est bien décidée à faire la peau à toute expérience qui la contredirait – terrible leçon de choses tout de même pour tous les naïfs qui rêvaient d'une transformation de l'euro de l'intérieur et par la force de la démocratie.

La Grèce nous montre cela, mais elle nous montre surtout autre chose. Elle nous montre un corps politique qui, de son propre mouvement, y va sans attendre. Un corps politique, de son propre mouvement : c'est la souveraineté. Qui y va sans attendre : en l'occurrence, et contrairement aux apparences, c'est l'internationalisme réel, puisqu'il est évident que ce qui se passe en Grèce a une portée largement extranationale : ce qui se passe en Grèce nous concerne, nous requiert, et devrait nous induire – c'est cela l'internationalisme concret.

Si donc la vraie gauche voulait un instant se défaire de ses fétiches intellectuels (dans le meilleur des cas) et de ses postures avantageuses (dans le pire), elle s'interrogerait elle-même sur cette bizarrerie qui l'a conduite à la célébration d'une forme d'internationalisme qui n'existe pas et à la détestation d'une souveraineté qui elle existe – et la concerne très directement : la souveraineté du « décider en commun », constitutive et institutrice d'une forme de vie, dont la définition, proprement politique, ne fait pas acception des nations présentes... et ceci quoiqu'elle naîtra nécessairement des nations présentes, mais, plus encore, quoiqu'elle ne fera pas autre chose que donner une nouvelle forme historique à la nation, non pas la forme de la communauté substantielle, mais la forme de l'autoposition consciente, c'est-à-dire la forme de la nation proprement politique, cette forme qui fraye péniblement ses voies dans l'histoire depuis maintenant deux siècles, la nation de la Convention, la nation de Robespierre si l'on veut, qui, ouverte à tous les vents, n'avait pourtant pas peur de s'appeler « nation », et n'en a pas moins été un moment historique de l'émancipation. Encore un effort donc : un autre internationalisme est possible !

Les taches aveugles de l'« autre euro possible »[1]

Un de ces lieux communs que l'éditorialisme prend pour de la pensée profonde se plaît à répéter que nous vivons une époque de constante accélération et que tout va toujours plus vite… Qu'on se rassure, il reste des domaines où l'on procède encore avec une sage lenteur, par exemple à propos de l'euro quand il s'agit de mettre l'une derrière l'autre deux idées conséquentes.

Une ironie qui n'est sans doute pas inadvertante nous soumet la question de savoir si une

1. Le texte qui suit est issu de l'intervention, légèrement augmentée, faite aux Rencontres du Monde Diplomatique organisées sur le thème « Europe, des choix existentiels », à l'Ecole Normale Supérieure les 22 et 23 mai 2015. Il a été publié sur le blog « La Pompe à Phynance », *Le Monde Diplomatique*, le 1er juin 2015.

autre Europe est possible dix ans après un référendum constitutionnel qui nous promettait déjà à sa manière une autre Europe possible – et dont on mettra difficilement au compte du « non » que la promesse n'en ait pas été tenue, puisque ce texte nous est revenu à l'identique sous la forme du Traité de Lisbonne (à quelques déclarations ronflantes près qui n'engageaient que de l'encre sur du papier). Moyennant quoi, il nous a été permis d'expérimenter en vraie grandeur en quoi consistait cette version-là de l'« autre Europe possible ». Il est vrai que les mêmes annoncent la bonne nouvelle de l'Europe sociale depuis 1992 – où l'on aperçoit tout de même que certaines choses continuent de bien prendre leur temps, et que l'autre Europe possible est une longue patience.

Comme toujours avec les patiences, il y a ceux qui ont les moyens d'attendre et ceux qui ne les ont pas. Bourdieu rappelait combien la *skholé*, le loisir, la position scolastique, et plus généralement la distance d'avec les nécessités matérielles, donnent en partie leur principe caché à la hauteur de vue, à la pensée globale, qui s'admirent elles-mêmes de se voir si capables d'embrasser l'histoire longue, et de se projeter à cent ans – il est bien certain qu'on peut se payer le luxe de contempler des horizons séculaires quand soi-même on ignore tout de l'idée de fin de mois. Aussi ces esprits bien installés, dégagés de toute urgence matérielle, ont-ils le loisir d'envisager les avenirs les plus lointains et de former en chambre des plans grandioses, solutions de papier coupées de tout, pour lesquelles la durée n'est qu'une abstraction : qu'en chemin des générations soient sacrifiées, voire carrément que des peuples crèvent comme c'est le cas en ce moment, ce sont des considération minuscules au regard de l'Idée majuscule dont ces esprits se font les desservants – en quelque sorte les œufs nécessairement cassés pour faire l'omelette de l'Histoire.

Les prérequis passionnels de la démocratie formelle

En cette époque qui ne corrige le sur-place intellectuel que par les accélérations imaginaires du gouvernement mondial, ou continental, il aura fallu presque deux décennies pour que certains se rendent compte qu'il y avait *un problème* avec l'euro et qu'ils commencent à le dire – en gros il a fallu la décapilotade à grand spectacle pour que leurs yeux s'écarquillent et que leurs bouches finissent par s'ouvrir. Les voilà maintenant qui, réécrivant l'histoire, enfin surtout la leur, prétendent avoir dès le début lancé de vigoureux avertissements [1], ou bien proposent un nouveau tour de manège institutionnel, cette fois-ci avec un parlement de l'euro, dernière trouvaille en date destinée à nous rendre la monnaie unique enfin démocratique [2] – se peut-il qu'on nous ait menti et qu'elle ne l'ait pas toujours été ?

Le « manifeste pour une union de l'euro » publié début 2014 à l'initiative, entre autres, de Pierre Rosanvallon [3], offre ainsi un concentré des taches aveugles de l'européisme social-démocrate qui, confondant la substance et les attributs, imagine que planter quelque part un nouveau parlement vaut *ipso facto* constitution politique de l'euro. Malheureusement il n'en est rien. Encore faut-il pour s'en apercevoir s'être formé une idée tant soit peu profonde de ce qu'est une communauté politique véritable, dont les institutions formelles ne sont que la superstructure. Le mot ici est à comprendre en un sens non-marxiste, pour souligner que le principe fondamental

1. Daniel Cohen, « La crise tient fondamentalement aux vices de la construction de la zone euro », *L'Express*, 5 juin 2013.

2. Thomas Piketty, « Il faut donner un parlement à l'euro », *Le Monde*, 20 mai 2014.

3. « Manifeste pour une union de l'euro », *Le Monde*, 17 février 2014.

de la démocratie, tel qu'il est mis en œuvre dans les institutions formelles, à savoir *la loi de la majorité*, ne se soutient pas de lui-même, mais n'est opératoire que sous des conditions de consistance communautaire préalable, dont il faudrait être fou pour les imaginer réunies dans l'Europe d'aujourd'hui.

Est-ce à dire qu'elles ne pourraient jamais l'être ? Evidemment non. Car ce qu'il faut entendre ici par « consistance communautaire » n'a rien à voir avec d'imaginaires propriétés substantielles des peuples – « la nature ne crée pas de nations » rappelle Spinoza dans le *Traité théologico-politique*. C'est l'histoire qui les crée. Elle a d'ailleurs suffisamment montré sa capacité à former des peuples de peuples – peu ou prou toutes les nations européennes, qui, *ex post*, semblent parfaitement unitaires à nos regards habitués, ont procédé de ce schéma de composition de l'hétérogène. Il n'y a aucune raison *a priori* que l'Europe en soit privée. Mais il n'y en a pas davantage qu'elle en jouisse *nécessairement*. Il y a surtout à se poser la question toute prosaïque, mais comme toujours politiquement décisive : quand ? Dans combien de temps ? C'est-à-dire, en l'occurrence, avec quelles difficultés *réelles* à surmonter ?

C'est qu'il y a en effet des *conditions passionnelles de possibilité de la loi majoritaire*. Ces conditions demandent qu'il existe entre les membres de la communauté politique un affect d'appartenance, un affect commun suffisamment puissant pour tenir la minorité à la communauté, c'est-à-dire pour éviter que la fraction mise en minorité n'ait aussitôt l'envie de faire sécession pour aller refonder ailleurs sa propre communauté politique.

À certains politologues n'ayant visiblement aucune compréhension du fait politique, il faut donc des épisodes maximaux, c'est-à-dire des cas de séparatisme aigu, comme il a failli s'en produire un en Ecosse – un cas spécialement intéressant d'ailleurs puisqu'il est un cas de séparatisme moins « identitaire » qu'il n'est « politique » – pour apercevoir, mais généralement trop tard, tous les prérequis invisibles du fonctionnement ordinaire des institutions démocratiques – et ce qu'il en coûte de les ignorer. Ce prérequis passionnel de l'affect commun d'appartenance, seul à même de rendre viable le dissensus démocratique organisé sous la loi majoritaire, est-il satisfait dans le cas de l'Union européenne ? Non. Chez qui fait-il suprêmement défaut ? La Grèce, vers qui tous les regards accusateurs se tournent systématiquement ? L'Espagne qui, Podemos arriverait-il au pouvoir, connaîtrait le même sort ? Non : l'Allemagne. Est-il possible de parler de l'Allemagne ? Non plus. Toute mise en cause de l'Allemagne est aussitôt accueillie aux glapissements de « germanophobie ». Il faut sans doute avouer qu'on trouve assez souvent le pire en cette matière, et qu'il est bien des discours sur l'Allemagne qui sentent le fusil Lebel et la ligne bleu horizon. Mais enfin la mauvaise monnaie intellectuelle ne devrait pas en principe chasser la bonne, ou au moins ne pas restreindre les droits légitimes de l'analyse – et empêcher que soient posées quelques questions. C'est pourtant le cas, si bien que l'accusation de germanophobie est devenue en Europe, spécialement en France, l'asile de la cécité volontaire.

Loi de la majorité et doctrine monétaire : la complication allemande

Pourtant il faudra bien se demander quel sens tant soit peu exigeant peut prendre « autre » dans « une autre Europe », et puis ce qui en hypothèque principalement la possibilité. C'est ici qu'il faut en venir à l'Allemagne, non pas qu'elle pose des problèmes différents de (presque) tous les autres pays quand il s'agit de la domination du néolibéralisme, mais parce que, à ce problème général, elle donne une *complication* pour le coup tout à fait singulière.

Or voici : une autre Europe, c'est une Europe démocratique. Et une Europe démocratique, c'est une Europe décidée à vider le Traité de toute sa troisième partie pour rendre tous les contenus de politique publique à la délibération démocratique ordinaire. C'est-à-dire pour les soumettre de nouveau à la loi majoritaire. Cet impératif démocratique frappe de nullité toute discussion sur « l'autre Europe possible » qui contourne les deux questions suivantes : 1) l'Allemagne accepterait-elle que le statut de la banque centrale, la définition de ses missions, les règles de déficit et de dette, le régime de la circulation des capitaux, redeviennent matière ordinaire à délibération parlementaire ?, et 2) l'Allemagne accepterait-elle d'être mise en minorité sur l'un ou l'autre de ces sujets ? On peut bien d'ailleurs, si l'on veut « dégermaniser » le problème et poser la question à la cantonade : on verra bien qui répond quoi, et qui se qualifie, ou se disqualifie, à l'Europe réellement démocratique, seule configuration admissible de l'« autre Europe possible ». En tout cas, l'incapacité d'apporter des oui *catégoriques* à ces deux questions ramène tout projet d'« euro démocratique » à l'état d'élucubration spectrale – ou bien de cynique mensonge.

Je crois cependant qu'on se trompe, et même de beaucoup, quand on présente l'Allemagne sous les traits d'une agressive volonté de puissance. L'Allemagne est bien plutôt un *hegemon* à contrecœur, un dominant qui n'avait pas de projet positif de domination et n'a fini par prendre les commandes que sous le coup d'une angoisse fondamentale – mais qui ne détermine pas moins à la brutalité : l'angoisse de voir altérés des principes monétaires qui lui sont plus chers que tout, puisqu'ils sont devenus le cœur symbolique de la reconstruction nationale allemande après-guerre, parce qu'ils ont acquis par là une portée transpartisane et pour ainsi dire méta-politique, et parce que leur sanctuarisation absolue, par voie constitutionnelle, en l'occurrence par l'inscription dans les traités, a été posée comme la contrepartie *sine qua non* de la participation allemande à la monnaie unique.

Dans ces conditions, imaginer que l'Allemagne pourrait accepter de remettre aux aléas de la loi majoritaire des principes aussi fondamentaux, d'une valeur symbolique aussi élevée à ses propres yeux, n'est pas une anticipation raisonnable, je veux dire propre à un horizon temporel raisonnable, sans doute plus rapproché que celui envisagé par les esprits scolastiques qui jonglent communément avec l'Histoire Universelle, et ne regardent pas à la dépense en matière de générations sacrifiées.

Gerxit?

On pourrait même dire davantage : dans la prolifération des « X-xit », ce mot-valise destiné à désigner les candidats à la sortie plus ou moins brutale de la zone euro voire de l'Union elle-même, où on trouve déjà le *Grexit* (la Grèce), le *Brexit* (la Grande-Bretagne) et même l'*Iberixit* (l'Espagne), une monumentale tache aveugle empêche de voir le sortant potentiel peut-être le plus sérieux : le *Gerxit* – l'Allemagne.

Car rêvons un peu, et imaginons pour le plaisir « l'autre euro possible ». Aucune de ses dispositions ne figure plus dans le Traité, toutes ont été rendues au Parlement de l'euro. Et voici qu'une majorité se forme pour remettre la BCE sous contrôle politique, pour lui assigner la mission de soutenir la croissance et l'emploi, voici que les règles budgétaires automatiques sont supprimées au profit d'une pragmatique conjoncturelle, que la question de l'annulation de certaines dettes est posée, enfin qu'il est envisagé de restreindre les marges de manœuvre des marchés pour neutraliser leurs représailles contre une réorientation progressiste de la politique économique. Qui peut croire que l'Allemagne, sans doute d'autres pays avec elle, mais l'Allemagne au premier chef, accepterait cet « autre euro »-là ? Mise en minorité, c'est elle qui partirait au nom de la sauvegarde de ses principes considérés comme des enjeux vitaux. Et « l'autre euro » se ferait sans elle – s'il y a quelque sens à une monnaie unique européenne sans l'Allemagne…

On opposera sans doute que les élites françaises par exemple – qui ne sont donc pas allemandes… – n'en défendent pas moins, et mordicus, les mêmes principes de politique économique, en fait adéquats aux exigences du capital auquel ces élites ont tout cédé. Et c'est vrai ! Mais la Grèce en février, peut-être l'Espagne cet automne, montrent que le miracle d'une réelle alternance politique ne peut jamais être complètement exclu – et avec lui celui d'un projet de réorienter radicalement la politique économique. Toutes choses égales par ailleurs, ceci ne se produira pas en Allemagne, pour des raisons qui tiennent à l'ancrage symbolique de la doctrine néolibérale (ordolibérale), ailleurs simplement idéologique, donc en principe susceptible d'être politiquement défaite.

Rien de ceci bien sûr ne signifie que, même à propos de la question monétaire, la société allemande ne soit qu'un bloc. Il n'y a jamais, nulle part, à propos de n'importe quelle question, de monolithisme unanimitaire. Des économistes comme Peter Wahl ou Wolfgang Streeck, et d'autres, ou bien les manifestations au pied de la BCE à Francfort, attestent que la société allemande a sa part de dissensus et de contradictions même quand il s'agit de doctrine monétaire. Mais la question est de savoir où se situe son centre de gravité à ce sujet, quelle est sa consistance, et quelles sont les chances, *à horizon raisonnable*, de le déplacer significativement.

Si donc l'on cherche les raisons de l'impossibilité d'un autre euro, c'est d'abord de ce côté, du côté du point de plus forte résistance, qu'il faut avoir la lucidité de regarder. Et puis aussi du côté de l'expérience grecque, ou plutôt de ce que l'Union européenne sous principes allemands fait subir à la Grèce. Car nous savons maintenant ce que pèse une crise humanitaire en face d'une orthodoxie monétaire : rien.

Entre le FN et le bloc eurolibéral, une symbiose fonctionnelle

Tous les secteurs de la gauche qui se sont accrochés si longtemps à la fable « Un autre euro est possible » devraient trouver dans l'expérience grecque matière à quelques méditations, et peut-être à quelques révisions. Car les quatre premiers mois de Syriza ont confirmé les termes d'une rigoureuse alternative telle qu'elle vaut pour tous : plier ou sortir. Entre la complète résipiscence et l'affranchissement radical, il n'y a pas, il n'y aura pas, de tiers terme.

On cherche alors avec peine à expliquer que la gauche (la vraie) demeure ainsi interdite face au verrou qui frappe d'impossibilité radicale toute politique progressiste. Il y va sans doute des fourvoiements d'un internationalisme aussi louable en principe que mal pensé en réalité.

Il y va surtout, et en fait de plus en plus, d'une déformation monstrueuse du débat politique qui a conduit à faire de la sortie de l'euro le monopole du Front National, et en fait le stigmate même de l'extrême droite. Que le duopole indifférencié des partis de gouvernement, assisté de tout son appareil médiatique, se complaise dans cet argument ignominieux, la chose n'a rien pour surprendre. Elle est même bien faite pour indiquer le véritable rapport qui a fini par s'établir entre le FN et ce qu'on pourrait appeler le massif eurolibéral (dans lequel, on l'a compris, PS et UMP sont deux composantes de mieux en mieux substituables et en fait tendanciellement identiques). Ce rapport est de symbiose fonctionnelle – évidemment déniée par la comédie de l'intransigeance républicaine.

Un rapport de symbiose puisque le bloc eurolibéral se sert du FN comme disqualificateur universel, et renvoie systématiquement à l'extrême droite tout programme économique de rupture, quelle qu'en soit la teneur et quel qu'en soit le porteur. Le FN est ainsi devenu fonctionnellement nécessaire au bloc eurolibéral qui, à bout d'argument, ne peut plus se maintenir qu'à l'aide de l'extrême droite, dont elle se sert comme un point d'assimilation auquel renvoyer toute critique économique radicale. Et en effet : comment mieux garantir la normalisation du débat qu'en assimilant toute dissidence à cette référence qui la frappe aussitôt d'indignité ?

Symétriquement, le FN prospère sur l'apparence de différence manifeste d'avec le massif eurolibéral, et ne continue de croître que tant qu'il peut revendiquer cette singularité. Mais le peut-il ? La différence manifeste n'est-elle pas que de l'ordre de l'apparence ? Mis à part son racisme congénital, et en fait constitutionnel, qui restera sans doute sa particularité (en tout cas il faut l'espérer...), on prête au FN de devoir ses succès récents à son inflexion économique en direction des classes populaires, et notamment à sa préemption du thème de l'euro. C'est à ce sujet qu'il faudrait y regarder de plus près.

Le FN, le capital et l'euro

En toute rigueur, le débat sur l'euro a sa parfaite légitimité propre, et n'a aucunement à prendre en considération cette préemption, qui n'est en fait qu'une pollution. En réalité il l'a d'autant moins qu'on peut soutenir que, le FN arriverait-il au pouvoir, *il ne ferait pas la sortie de l'euro*. En voici la raison : du moment où la perspective de l'arrivée du FN au pouvoir prendrait consistance, le grand capital pactiserait avec lui. Il le ferait sans la moindre hésitation car, l'histoire l'a suffisamment montré, le capital ne se connaît aucun ennemi à droite, et aussi loin qu'on aille à droite.

Il y a là, incidemment, de quoi faire ravaler leur dégueulis à tous ces misérables personnages qui n'ont rien eu de plus pressé que de poser un signe égal entre Front National et Front de gauche – et je le dis avec d'autant plus de liberté que je ne suis pas membre du Front de gauche, et que j'ai même de sérieux désaccords avec sa ligne actuelle. Mais enfin il n'est pas besoin d'être extralucide pour imaginer ce que serait l'attitude du capital face à un Front de gauche aux portes du pouvoir : il y a tout lieu de penser en effet qu'il chercherait moins à pactiser qu'il n'entrerait en mode « guerre », et même « guerre à outrance ». Il y a de quoi être atterré, et prendre la mesure du degré de corruption intellectuelle du débat politique contemporain, de devoir rappeler, contre ce mécanisme d'assimilation-disqualification évoqué à l'instant, l'asymétrie élémentaire, en réalité l'antinomie radicale, entre Front National et Front de gauche, que seuls les tauliers de la symbiose fonctionnelle peuvent avoir la bassesse de nier – misérables stratagèmes, qui signalent en réalité les régimes rendus à toute extrémité.

En tout cas le capital pactisera avec le FN. Et voici quels seront les termes de la transaction : le capital apportera ce qu'il sait apporter de mieux : de l'argent – de l'argent pré-électoral, post-électoral, de l'argent. Et puis aussi de l'assistance technique en prêtant ses cadres les mieux disposés. Mais la contrepartie sera que le FN ne touche pas à l'euro. C'est que l'euro dans sa construction d'ensemble est la plus puissante machine à discipliner le salariat que le capitalisme contemporain ait inventée, et cela, en effet, le capital ne permettra pas qu'on y touche.

Nul doute qu'il obtiendra complète satisfaction, et si l'on ajoute à ça que le « modèle économique » du FN consiste en réalité en une sorte de néo-corporatisme reaganisé essentiellement adressé aux patrons de PME, on mesurera l'imbécillité aussi bien intellectuelle que politique, de créditer le FN d'une posture « anti-système », c'est-à-dire de lui accorder sa principale revendication !, lui qui, parti de l'ordre, ne peut être que le parti du système, c'est-à-dire, autant que le bloc d'en-face, le parti du capitalisme, dont il propose simplement d'en revenir à une forme rétrograde – et il se confirme que les promesses de changement social faites par le FN aux classes populaires tourneront à la plus cruelle des désillusions.

Ces raisons-là n'étaient nullement nécessaires, mais elles devraient être en principe suffisantes pour déchirer le voile de stupéfaction qui, sous la forme du FN, a été jeté sur le débat de l'euro. Elle devrait l'être d'autant plus que s'y ajoute le démenti catégorique apporté par l'expérience grecque. Double démenti en vérité : démenti de la fiction d'une transformation de l'intérieur des institutions de l'euro ; démenti surtout de l'assimilation à l'extrême droite de tout projet de s'affranchir de la camisole ordolibérale et de la monnaie unique.

On dira, précisément, que Tsipras se bat pour *rester* dans l'euro. Mais d'une part, comme on pouvait en fait l'annoncer avant même son arrivée au pouvoir, ce combat est voué à l'échec, et n'admet pour seul alternative au renoncement que la sortie de l'euro. Et, d'autre part, Syriza doit compter avec une forte minorité interne, à laquelle s'ajoute une opposition externe de gauche qui, elles, plaident résolument pour la sortie de l'euro. Même l'éditorialisme le plus malhonnête aura du mal à les faire passer pour des fourriers du nationalisme xénophobe. La vérité, c'est que cette gauche radicale-là, internationaliste – mais d'un internationalisme réel, et non imaginaire –, décidée à ne pas se laisser intimider, est le seul véritable rempart contre l'extrême droite, la vraie, qui reprendrait sa marche en avant du moment où les eurolibéraux reviendraient au pouvoir à Athènes.

Mais on a beau multiplier les arguments, les cas et les expériences, il y a une forme de cécité ou de tétanie politique inexplicables qui laissent en France la gauche interdite, et incapable de conséquence. Les choses ne vont pas si vite qu'on croit, disais-je en introduction. On peut ne pas être par principe un militant de l'accélérationnisme et malgré tout commencer à trouver qu'il serait temps que ça se bouge un peu maintenant.

L’euro ou la haine de la démocratie [1]

Forcément, ça leur a coupé la chique. Qu’on puisse jouer la carte de la démocratie, c’est la chose qui est maintenant tellement hors de leur entendement qu’elle les laisse toujours sidérés, pantois et démunis. Vraiment, à cet instant, on aurait voulu voir leurs têtes, mâchoires décrochées comme des tiroirs de commodes fracturées : Sapin, Hollande, Moscovici, leurs experts organiques, leurs journalistes de propagande, tous ceux qui n’ayant que la « modernité » à la bouche se sont si constamment efforcés d’en finir avec le peuple, pénible démos, et pénible démocratie quand il lui vient à l’idée de ne

1. Ce texte a été publié sur le blog « La Pompe à Phynance », *Le Monde Diplomatique*, le 29 juin 2015.

pas se contenter de valider ce qui a été décidée pour elle. Mais c'est une némésis et personne n'y pourra rien : il vient toujours un moment où la politique chassée par la porte revient par la fenêtre. Plus elle a été chassée obstinément d'ailleurs, et plus ses retours sont fracassants.

Le référendum, ou le retour du refoulé

Et c'est vraiment le retour du refoulé sous tous les rapports : celui de la mauvaise conscience notamment. C'est qu'on peut difficilement porter la démocratie en bandoulière, en faire des chartes à enluminures ou des hymnes à la joie, un modèle offert au monde (éventuellement à coup de frappes aériennes), et la bafouer à ce point à domicile.

Prononcer le mot « référendum », c'est en effet immanquablement faire resurgir le spectre du Traité constitutionnel de 2005, celui de l'acharnement jusqu'à ce que ça dise oui, ou du contournement si ça persiste à dire non. Celui du putsch également, à l'image du débarquement en 2011 de Georges Papandréou, ordinaire socialiste de droite qui n'avait rien de bien méchant, mais avait fini par s'apercevoir qu'on approchait des seuils où férule macroéconomique et tyrannie politique deviennent dangereusement indistincts, et éprouvé le besoin d'un mandat légitime en soumettant le mémorandum à son peuple… par référendum. Appliquant une doctrine en fait formée de longue date puisqu'elle est intrinsèque à l'Union monétaire même, mais dont la formulation pleinement explicite attendra 2015 et l'inénarrable Juncker – *« il n'y a pas de choix démocratiques contre les Traités européens »*… –, il avait suffi aux institutions européennes de quelques pressions de coulisses pour obtenir le renversement de l'imprudent, et nommer directement le banquier central Papademos premier ministre ! – c'est tellement plus simple –, qui plus est à la tête d'une coalition faisant, pour la première fois depuis les colonels, entrer au gouvernement un parti ouvertement d'extrême-droite (Laos), particularité qui n'avait pas davantage ému le journalisme d'accompagnement à l'époque (il n'a pas manqué depuis de pousser des cris de putois quand Syriza a fait alliance avec la droite souverainiste d'Anel).

C'est tout ce lourd passé, et même ce lourd passif, qui se trouve replié dans le mot « référendum », le sale petit secret de toute une construction institutionnelle qui ne se sent pas d'autre devoir vis-à-vis de la démocratie que celui du simple oblat verbal, de la célébration en mots, et en réalité n'a pas d'autre projet la concernant que d'extinction méthodique.

Comme on trouve encore des gens suffisamment acharnés pour contester que les Traités donnent à l'Europe le caractère d'une entité néolibérale, on en trouve de suffisamment bêtes pour nier qu'ils entraînent la moindre perte de souveraineté – expérience récemment faite au contact, tout à fait fortuit, d'un député socialiste dont, par charité chrétienne on ne dira pas le nom. Comme la chose est inhérente aux traités mêmes dont, rappelons-le, la caractéristique première tient au fait (monstrueux) d'avoir constitutionnalisé des contenus substantiels de politique économique, comme la chose est inhérente aux traités, donc, et qu'ils ne l'ont pas vue, ils ne doivent pas avoir davantage connaissance de la manière dont se déroulent les négociations depuis 2011, et particulièrement celles de ces dernières semaines. Car la Troïka ne se contente pas d'imposer un cadrage macroéconomique délirant, elle entend également en imposer le détail – et décider elle-même, dans le menu, des augmentations d'impôt et des baisses de dépenses, c'est-à-dire prendre en mains directement l'intégralité des commandes.

Que le gouvernement Syriza, à l'encontre de ses propres engagements électoraux, ait accepté de se couler dans la logique du mémorandum et de jouer le jeu de l'ajustement budgétaire n'était pas encore assez : car la Troïka ne demande pas qu'un objectif global, mais aussi la *manière*. Il n'est pas suffisant que la Grèce s'impose une restriction supplémentaire de 1,7 point de PIB, il faut qu'elle la compose *comme il faut*. Par exemple l'augmentation du taux d'imposition sur les sociétés de 26 % à 29 %, ainsi que la taxe exceptionnelle de 12 % sur les profits supérieurs à 500 000 euros ont été refusées par la Troïka au motif qu'elles étaient... de nature à tuer la croissance ! – ou quand l'étrangleur déconseille à ses victimes le port du foulard. En revanche la Troïka tient beaucoup à ce qu'on en finisse avec la petite allocation de solidarité servie sur les retraites les plus pauvres – le décile inférieur a perdu jusqu'à 86 % de revenu disponible de 2008 à 2012 [1]... c'est donc qu'il lui en reste 14 bons pourcents : du gras ! Elle refuse la proposition grecque de taxer les jeux en ligne, mais demande la fin du subventionnement du diesel pour les agriculteurs – des nantis. Et tout à l'avenant.

1. Philippe Légé, « Ne laissons pas l'Europe écrire sa tragédie grecque », *Note des Economistes Atterrés*, 30 avril 2015.

Les institutions de la haine politique

On pourrait se perdre à l'infini dans ces détails qui disent tous le délire idéologique additionné d'instincts sociaux meurtriers – au sens presque littéral du terme, car rompre avec le fléau du gouvernement par abstractions macroéconomiques demande de prendre connaissance du tableau des conditions concrètes d'existence de la population grecque à l'époque de l'austérité, entre baisse de l'espérance de vie, explosion du taux de suicide, effondrement de la qualité des soins, etc [1]. On pourrait dire tout ça, donc, mais on n'aurait pas dit l'essentiel, qui tient à une forme de haine politique, comme il y avait jadis des haines religieuses, mais, fait inédit, une haine politique institutionnelle, une haine portée par des institutions. Depuis le premier jour, les institutions européennes n'ont pas eu d'autre projet que de faire mordre la poussière au gouvernement Syriza, d'en faire, par un châtiment exemplaire, une leçon à méditer par tous les autres pays qui pourraient avoir à l'idée eux aussi de ne pas plier, comme s'il fallait annuler l'événement de la première authentique

1. Sanjay Basu et David Stuckler, « Quand l'austérité tue », *Le Monde Diplomatique*, octobre 2014.

alternance politique en Europe depuis des décennies.

Chaque régime politique, même celui qui a de la démocratie plein la bouche, a ses points d'impensable, ses interdictions formelles et ses exclusions catégoriques. La dite « démocratie parlementaire », qui fait vœu de débattre de tout, s'est en fait constituée comme le régime politique de défense de la propriété privée du capital (et de toutes les prérogatives qui y sont attachées), c'est pourquoi elle accepte qu'on débatte de tout sauf de la propriété privée du capital (et de toutes les prérogatives qui y sont attachées) [1] – et l'histoire a suffisamment montré de quoi la « démocratie » était capable quand le peuple des manants avait l'idée de s'en prendre au règne du capital. Pour autant, dans ce périmètre-là, il restait un peu de marge à explorer. C'était encore trop pour une construction néolibérale comme l'Union européenne qui a saisi la fenêtre d'une époque pour réduire autant qu'elle le pouvait le cercle du discutable : les formes de la concurrence intérieure, le statut de la banque centrale,

1. Inutile d'arguer des épisodes de « nationalisation » qui ont toujours été très partiels et n'ont jamais remis en cause l'essentiel, à savoir les rapports sociaux de production, inchangés même dans les enclaves de capitalisme d'Etat.

la nature et les cibles de la politique monétaire, les orientations de la politique budgétaire, le rapport aux marchés financiers : toutes ces choses ont été irrévocablement tranchées par inscription constitutionnelle dans les traités, à la fin expresse qu'à leur sujet le débat soit *clos*.

Comment s'étonner qu'une construction aussi congénitalement libérale se soit donné des institutions qui suintent à ce point la haine de tout ce qui est progressiste ? Syriza ne pouvait pas être un partenaire : elle a été d'emblée, et en fait très logiquement, considérée comme un ennemi. L'ennemi ici, c'est celui qui veut vous forcer à rediscuter de ce que vous avez décrété soustrait à toute discussion. Aussi bien le référendum que l'imminente sortie de l'euro sont des affirmations du droit de rediscuter – des affirmations du principe démocratique.

Le droit de rediscuter se paie cher en Union européenne. Dans un mouvement misérable qui ajoute à la considération qu'on peut lui porter, l'Eurogroupe, entité informelle à la consistance juridique d'ailleurs incertaine, met tous ses efforts à ce qu'il soit le plus coûteux possible. Mais en réalité c'est toute la construction institutionnelle qui porte la responsabilité de ce qui est en train de se passer : car, à la fin des fins, c'est bien la BCE qui donnera le coup de grâce en interrompant le refinancement des banques grecques.

Faut-il qu'elle soit grande la détestation de la souveraineté populaire pour ne pas même accorder l'extension du plan d'aide à l'échéance du référendum… Tout est dit d'une passion anti-démocratique européenne devenue si écumante qu'elle ne parvient même pas à se tenir à son propre ordre légal : c'est que le refinancement des banques, grecques ou autres, est une mission de la banque centrale européenne, assignée par les traités, et dont l'accomplissement est sans rapport avec les vicissitudes latérales de tel ou tel ordre, fussent-elles celles d'un plan de sauvetage. Que la terminaison du plan de sauvetage mardi 30 juin 2015 s'accompagne, comme il en est lourdement question, de la fermeture du guichet ELA (*Emergency Liquidity Assistance*), où la totalité du système bancaire grec est vitalement suspendu, est une connexion dont la légalité est plus que douteuse eu égard à l'autonomie des missions de refinancement de la BCE. [Il faut vraiment convoquer les aruspices pour avoir le fin mot du communiqué publié dimanche 28 juin (2015) par la BCE, car l'annonce du maintien du programme ELA pour les banques grecques n'est accompagnée d'aucune mention d'échéance… de sorte qu'il peut bien se trouver interrompu à tout moment. Cependant, contre la menace lourdement sous-entendue de fermer l'ELA en conséquence de l'arrêt du plan de sauvetage le 30 juin, il pourrait être politiquement rationnel pour la BCE de ne pas aller jusqu'à se faire l'exécuteur anticipé des basses œuvres, et de maintenir son guichet ouvert jusqu'à l'échéance du référendum : c'est qu'on doit beaucoup compter dans les institutions européennes sur le fait que le contrôle des capitaux mis en place lundi 29 juin est un repoussoir électoral, et que la restriction de l'accès des déposants à leurs encaisses monétaires est le plus sûr moyen d'aiguillonner le vote « oui »]

En tout cas, on le sait bien, le simple fait d'avoir exclu les banques grecques des procédures ordinaires de refinancement pour les cantonner au guichet d'urgence de l'ELA n'avait d'autre propos que de leur faire sentir leur état de dépendance extrême, et de leur faire connaître le pouvoir discrétionnaire auprès duquel leur survie se renégocie quasi-quotidiennement – c'est-à-dire la possibilité qu'à tout moment le pouce s'abaisse. Comme toujours, c'est aux limites, et dans les situations de crise extrême, que les ordres institutionnels révèlent leur vérité. Ici toute la sophistication juridique de la construction européenne se ramène à un pouce levé ou bien baissé. Et la comédie du droit laisse voir à nu les rapports de force qu'elle cache ordinairement.

Le moment du chaos

Techniquement parlant en tout cas, il est bien certain que la fermeture du refinancement auprès de la BCE, qu'elle survienne mardi 30 ou plus tard, effondrera le système bancaire grec dans la journée, et forcera, de fait, au réarmement de la banque centrale grecque comme prêteur en dernier ressort, c'est-à-dire émetteur d'une liquidité qui ne sera pas reconnue par le SEBC (Système européen de banques centrales). On l'appellera de la drachme.

Effectuée dans une pareille urgence, la sortie grecque de l'euro ne pourra pas éviter le moment du chaos, et pour des raisons dont Syriza porte une part. Il est à craindre que le refus d'envisager dès le début la sortie de la monnaie unique, et d'en faire une menace crédibilisant d'ailleurs la position grecque dans le rapport de force, laisse aujourd'hui le gouvernement dans un état de totale impréparation. Le sens stratégique possible de l'accord de prolongation passé avec l'Eurogroupe le 21 février dernier aurait dû être de mettre à profit les quatre mois gagnés pour préparer logistiquement et politiquement la sortie.

Celle-ci est vouée à présent à s'opérer dans les plus mauvaises conditions. Il est même impossible que se fassent aussi vite l'ajustement technique du système des paiements et la conversion des espèces monétaires. Si bien qu'il y aura vraisemblablement un moment bizarre de double circulation monétaire pendant lequel des espèces émises par le système bancaire grec auront toutes les apparences de l'euro mais n'en seront pas moins des drachmes… qui en principe ne seront pas reconnues comme euros à l'extérieur alors même qu'elles leur ressembleront comme deux gouttes d'eau !

Rien de tout ça ne sera fait pour décourager le *run* bancaire, en fait déjà bien entamé puisqu'on évalue à 130 milliards d'euros les retraits opérés depuis janvier. Que les gens retirent des espèces si ça peut les tranquilliser, ça n'est pas le problème, en tout cas pour le système bancaire [1] : dès que la situation se stabilisera, ces fonds effectueront le mouvement inverse et, entre-temps, c'est la Banque de Grèce qui prendra le relais de la BCE pour maintenir

1. C'est un problème si cet argent retiré de la circulation monétaire cesse d'animer les échanges marchands.

les banques dans la liquidité. C'est que cet argent prenne le large qui est un problème. Aussi un drastique contrôle des capitaux, avec contingentement des retraits, sera-til la mesure à prendre dès les toutes premières heures (elle est déjà prise au moment où ce texte est publié). Avec la dévaluation carabinée de la drachme qui suivra sa réintroduction, les Grecs y perdront du pouvoir d'achat international ? Oui, et ça sera comme ça. Par définition, la conversion est une opération purement nominale qui laisse invariant le pouvoir d'achat *interne*... à l'inflation importée près. Or vu la dégringolade anticipée de la drachme, celle-ci sera conséquente. La couronne islandaise qui a initialement perdu près des trois quarts de sa valeur contre euro a laissé derrière elle une inflation de 18 % en 2008. Mais les premières fluctuations sont toujours d'une ampleur extravagante, et vouées à s'ajuster plus raisonnablement à moyen terme : la couronne a été rapidement stabilisée 40 % en dessous de sa valeur de 2008, l'inflation est d'ailleurs redescendue en dessous des 5 % dès la mi-2009, elle est désormais proche de zéro. Il en ira vraisemblablement de même avec la drachme.

Dans l'intervalle il faudra peut-être ajouter au contrôle des capitaux un dispositif de protectionnisme ciblé dans les marchés de biens et services. C'est que la balance courante grecque à très court terme va devenir déficitaire. Or l'interruption de tout flux financier entrant interdira de la financer par la partie « compte de capital » de la balance globale, et la position extérieure nette de la Grèce va se détériorer. Il faudra donc réduire la flambée des importations, alors que l'effet de renchérissement de leur prix devrait d'abord l'emporter sur celui de contraction des volumes. Evidemment il est vital que les entreprises continuent d'avoir librement accès aux biens étrangers d'équipement ou de consommation intermédiaire. Le dispositif protectionniste devra donc être ciblé sur les (certains) biens de consommation (hors énergie notamment), et ceci jusqu'à ce que les exportations « réagissent » à la dévaluation de la drachme – en général dans un délai de 12 à 18 mois (de ce point de vue, la sortie de l'euro se passerait au plus mauvais moment possible de l'année puisqu'il serait trop tard pour que le tourisme, le secteur le plus dynamique du commerce international grec, en enregistre l'effet, et qu'il faudra attendre la saison prochaine pour en recueillir les bénéfices). L'énorme incertitude achèvera de mettre en carafe le peu d'investissement qui restait (le taux d'investissement est tombé à 12 %

en 2014[1]...). Tous ces effets ajoutés à la désorganisation initiale promettent à la croissance grecque de plonger.. Il faut avoir le courage de le dire : le début va être une épreuve.

Cette épreuve n'a de sens, économiquement parlant, que parce qu'elle ouvre par ailleurs de nouvelles opportunités et restaure de nombreux de degrés de liberté absolument fermés dans le cadre des institutions de l'euro. En premier lieu elle permet d'en finir avec l'austérité, dont les nouvelles mesures ne relâchaient rien : la Grèce se trouvait enjointe de dégager un excédent primaire d'un point de PIB cette année même, puis de 2 en 2016, puis de 3 en 2017, puis de 3,5 en 2018 ! Elle se trouve également soulagée des 26 milliards d'euros dus d'ici la fin 2015 à ses créanciers de toutes sortes qu'elle va envoyer élégamment se faire foutre – 26 milliards d'euros[2], ça n'est pas loin de... 15 points de PIB ! Voilà à quoi la Grèce se saigne depuis tant d'années : à payer une dette que tout le monde sait insoutenable en dépit de tous ses rééchelonnements et, plus encore, *dont*

1. Il était à 26 % en 2008...

2. Dont un accord avec l'Eurogroupe n'aurait couvert que 15 milliards d'euros, et encore sans compter le déblocage fractionné, par tranches de 7,5 milliards, bien fait pour activer à chaque fois une clause de revoyure.

elle ne porte pas la responsabilité ! Car les 80 points de PIB de dette pris depuis 2008 ne sont pas, comme le répète l'éditorialisme en pilotage automatique, « la dette de la Grèce » : c'est la dette de l'impéritie européenne, la dette de la plus gigantesque erreur de politique économique de l'histoire du capitalisme, la dette de l'acharnement idéologique, dit plus brièvement : la dette de la zone euro – et par conséquent la dette dont il n'est que justice que la zone euro se la carre dans le train.

Le vrai visage des « amis de l'Europe »

En écrivant en janvier que l'alternative de Syriza était de passer sous la table ou de la renverser et qu'il n'y aurait pas de tiers terme, en particulier que l'idée d'obtenir quoi que ce soit des institutions européennes, ou pire encore d'engager leur transformation de l'intérieur, était un rêve de singe, il faut bien avouer qu'on n'était pas prêt à parier grand-chose sur l'hypothèse du renversement. *Hic Rhodus hic salta* comme dit l'adage latin. Et c'est là qu'on voit les vrais hommes politiques. Pour toutes les erreurs stratégiques qu'il a commises jusqu'ici, il se pourrait bien que Tsipras en soit un. C'est qu'il faut une sacrée consistance pour faire face à ce mélange de périls et de chances qui s'offre à lui aujourd'hui – qui s'offre à lui ? non, qu'il a fait advenir en se tenant au plus près de l'essence de la politique : la proposition faite au peuple de décider souverainement.

Comme Roosevelt se déclarait fier en 1936 d'être devenu objet de haine de l'oligarchie capitaliste qu'il avait décidé de défier carrément, Tsipras peut s'enorgueillir des tombereaux d'injures que lui réserve une oligarchie d'un autre type, le ramassis des supplétifs d'une époque finissante, et qui connaîtront le même destin qu'elle, la honte de l'histoire. La première chose que Jean Quatremer a cru bon de tweeter consiste en photos de queues devant les distributeurs à billets. Et d'annoncer avec une joie mauvaise : « La Grèce sera donc en faillite mardi à minuit. Accrochez-vous ! ».

On voudrait que quelque archiviste de talent, conscient de ce qui se joue d'historique ces jours-ci, s'attache à collecter tout ce qui va se dire et qui méritera de rester, tout ce que pense et dit l'oligarchie quand, à l'épreuve d'un moment critique, elle jette enfin le masque – car cette fois-ci le masque est bel et bien jeté. *« La Grèce, c'est fini »* titre le JDD du 28 juin, dirigé par Denis Olivennes, l'un des Gracques à qui l'on doit cette tribune à valeur de document quasi-psychiatrique publiée dans *Les Echos*, où l'on apprenait qu'il était urgent de *« ne [pas laisser] Monsieur Tsipras braquer les banques »* [1], textuellement, alors que le refus de restructurer la dette grecque jusqu'en 2012 n'a pas eu d'autre finalité que de sauver les banques allemandes, françaises, etc., les banques où, précisément, prolifère la racaille Gracques, en effet la vraie racaille dans la société française – pas celle de Sarkozy –, ces « anciens hauts fonctionnaires socialistes » comme ils aiment à se présenter eux-mêmes, et qui en disent assez long sur l'état réel du « socialisme » français – pour ceux qui ne s'en seraient pas encore aperçus.

Bloomberg fait déjà des gorges chaudes de ce qu'on puisse envisager *« sur les documents hautement techniques »* de la Troïka de demander leur avis *« aux mamies grecques »* [2]. Mais c'est vrai, quelle idée ! La vraie démocratie est bien celle qui se contente de l'avis des économistes et des journalistes spécialisés de *Bloomberg*. Ou de *Libération*. Comme toujours les événements historiques, la sortie grecque sera

1. Les Gracques, « Grèce : ne laissons pas Monsieur Tsipras braquer les banques », *Les Echos*, 15 juin 2015.

2. « Tspiras Asking Grandma to Figure Out if Debt Deal is Fair », *Bloomberg*, 28 juin 2015.

un test de Rorschach en vraie grandeur, un bain photographique surpuissant. On peut le dire dès maintenant puisque la grande vidange est déjà à l'œuvre : l'oligarchie dégondée va montrer son vrai visage, et parler son vrai langage. Jean-Louis Bourlanges sur *France Culture* traite Tsipras de *« terroriste* révolutionnaire »[1] (sic), Quatremer relaie, écumant, les errances de Kathimerini, quotidien de droite qui qualifie le référendum de « coup d'Etat de bolcheviks », formidable moment de vérité où l'on va voir sans fard qui est qui et qui dit quoi. Oui, on voudrait vraiment que tout ceci soit méticuleusement consigné, pour qu'on sache ce qu'il en aura été de la « démocratie » en Europe à l'époque de la monnaie unique. Et pour que cette belle accumulation produise l'effet qu'elle est vouée à produire : celui du ridicule mêlé d'ignominie.

Et nous ?

Par un paradoxe qui doit tout aux coups de fouet de l'adversité, il se pourrait que cette avalanche de haine, car il n'y a désormais plus d'autre mot, soit

1. « L'esprit public », *France Culture*, 28 juin 2015.

le meilleur ciment des gauches européennes, et leur plus puissant moteur. Car la guerre idéologique est déclarée. Et il faudra bien cet état de mobilisation et de colère pour supporter ce qu'il va falloir supporter. Il ne faut pas s'y tromper : à moins que tout l'euro ne parte en morceaux à son tour, hypothèse qui n'est certainement pas à exclure mais qui n'est pas non plus la plus probable, les yeux injectés de sang d'aujourd'hui laisseront bientôt la place à l'écœurant rire triomphateur des Versaillais quand la Grèce passera par le fond du trou. Car elle y passera. Elle y passera au pire moment d'ailleurs, quand Espagnols et Portugais, sur le point de voter, se verront offrir le spectacle du « désastre grec » comme figure de leur propre destin s'ils osaient à leur tour contester l'ordre de la monnaie unique. Ce sera un moment transitoire mais terrible, où, sauf capacité à embrasser un horizon de moyen terme, les données économiques de la situation n'offriront nul secours, et où l'on ne pourra plus compter que sur la colère et l'indignation pour dominer toutes les promesses de malheur. En attendant que se manifestent tous les bénéfices économiques, et plus encore politiques, du geste souverain.

Que faire entre temps pour échapper à la rage impuissante lorsqu'on n'est pas Grec ? Depuis février, on a vu fleurir des initiatives de solidarité où le réconfortant le dispute au dérisoire : c'est que la version KissKiss BankBank des Brigades internationales a surtout pour effet de dire quelque chose de l'époque… En réalité l'événement offre peut-être la meilleure occasion de redécouvrir, et pour certains de découvrir tout court, que l'internationalisme réel consiste moins dans le dépassement imaginaire des nations que dans la solidarité internationale des luttes nationales. Et dans leurs inductions mutuelles. Les Grecs sont sur le point de défier l'ordre néolibéral en son institution principale : la monnaie unique européenne. Pour nous qui souffrons des pouvoirs entièrement vendus à cet ordre, être à la hauteur de l'éclaireur grec ne réclame pas moins que de nous retourner contre nos gouvernements.

Le crépuscule d'une époque [1]

C'est une photo comme il y en a des milliers, certaines sympathiques, d'autres grotesques : un selfie. Deux ahuris se prennent en selfie, regards béats et satisfaits. Ils se ressemblent comme deux gouttes d'eau. Ils sont visiblement très contents de leur coup, « on va le mettre sur Twitter pour les faire chier ». Arnaud Leparmentier et Jean Quatremer. On est jeudi 2 juillet, jour de manifestation de solidarité avec le peuple grec. Il y a une légende à la photo : « Ça va Bastille ? Nous on est rive gauche ». En fait, oui, ça va, pas mal même. Et vous ?

1. Ce texte a été publié sur le blog « La Pompe à Phynance », *Le Monde Diplomatique*, le 7 juillet 2015.

***

Une victoire électorale, fût-elle massive, n'a par soi aucun vrai pouvoir de dessillement du camp d'en face, ni d'endiguement des contre-vérités. On n'attendra donc pas des deux ahuris au selfie qu'ils renoncent à leurs scies préférées : « les contribuables européens ne veulent pas payer pour les fonctionnaires grecs » ; « et si la Grèce fait défaut, ce sont les retraités slovaques et allemands qui paieront pour eux » – soit le bon sens à front de bœuf.

Les contribuables européens ne payent pas pour les fonctionnaires grecs. Ils payent pour les épargnants européens. Car c'est une tuyauterie financière désormais entièrement circulaire qui prête aux Grecs pour qu'ils remboursent les créanciers – de ces euros-là qui circulent sous leur nez, les Grecs ne voient pas la couleur. Les contribuables européens ont d'abord payé pour la reprise publique des titres grecs détenus par les banques privées – un grand classique. Maintenant ils payent directement pour eux-mêmes – enfin certains pour d'autres. On progresse…

Ils payent surtout en conséquence d'une des plus colossales erreurs de politique économique de l'histoire, inscrite il est vrai dans les traités européens et engendrée de leur fonctionnement quasi-automatique : forcer le retour vers les 3 %-60 % en pleine récession, a conduit à la destruction d'une économie, ni plus ni moins : 25 % de PIB en moins, 25 % de taux de chômage, tout le monde connaît ces chiffres qui sont désormais entrés dans l'histoire. Le plus étonnant, mais en réalité c'est un signe d'époque, c'est l'incapacité de ces données pourtant massives, données d'une faillite intellectuelle écrasante, à désarmer l'acharnement et déclencher le moindre processus cognitif de *révision*. Leparmentier et Quatremer continueront donc soit de soutenir que les traités n'y sont pour rien, soit de maintenir qu'il s'agissait de la seule politique possible, soit d'assurer que pour notre bonheur ça n'était pas seulement la seule possible mais la *meilleure*. Soit de regarder ailleurs – les fonctionnaires grecs. Autisme et quasi-racisme (car il faut voir ce que depuis 2010 ces deux-là auront déversé sur « le Grec »). Bellicisme aussi d'une certaine manière, pour ceux qui n'ont que « l'Europe de la paix » à la bouche mais s'acharnent à jeter les uns contre les autres Grecs et « Européens » (les autres) – « contribuables européens » contre « fonctionnaires grecs », ou quand l'aveuglement idéologique n'hésite plus à répandre la discorde pour se donner libre cours : si le contribuable européen veut obtenir justice, qu'il la réclame au fonctionnaire grec. Eh bien non : si le contribuable européen veut obtenir justice, qu'il la réclame à ses gouvernants qui, « en son nom », ont pris la décision éclairée de le charger pour sauver les banques, et puis de charger la Grèce en s'adonnant à la passion macroéconomique des traités.

En matière de passions, Leparmentier et Quatremer n'ont pas que celle des contribuables : celle des retraités aussi (pourvu qu'ils ne soient pas grecs). « Que direz-vous aux retraités Bavarois si la Grèce ne rembourse pas ? » demande Leparmentier à Piketty qui répond à base de grande conférence sur la dette en Europe [1]. On pourrait répondre aussi que si Slovaques et Allemands avaient une retraite entièrement par répartition, cette question n'aurait même pas lieu d'être. On pourrait répondre que c'est bien ce qui arrive quand depuis des décennies on fait le choix de faire passer le financement de toutes les activités sociales – retraites, études universitaires, bientôt santé, etc. – par les marchés de capitaux, ce fléau voué à toutes les catastrophes. Et

1. Thomas Piketty, « La France doit mettre son veto à une sortie de la Grèce de la zone euro », Le Monde, 4 juillet 2015.

que, là encore, ça n'est pas « aux Grecs », mais à tous les gouvernants qui ont pris ce parti de la financiarisation qu'il faut s'adresser. Ou bien accepter que la retraite confiée aux marchés, ça fait… comme les marchés : ça va, ça vient, un mauvais investissement et c'est le bouillon. On pourrait d'ailleurs, et enfin, répondre qu'on n'a pas le souvenir d'avoir vu Leparmentier prendre fait et cause pour les retraités de la capitalisation lorsque les marchés d'actions se sont effondrés au début des années 2000, et toute la finance dans un bel ensemble en 2007-2008, au passage pour des pertes autrement considérables que celles qui suivraient d'un défaut grec – mais il est vrai qu'il n'y avait alors ni fonctionnaires grecs ni gouvernement de gauche à incriminer.

***

Et maintenant que peut-il se passer ? L'« alternative de la table »[1] est-elle dépassée si peu que ce soit ?

De 2005 à 2015, si l'on fait bien les comptes, on jouit une fois tous les dix ans. C'est bon à proportion de ce que c'est rare – avouons les choses,

1. Voir le premier article de ce recueil, « L'alternative de Syriza : passer sous la table ou la renverser ».

imaginer la tête des ahuris au selfie (et de tous leurs semblables) est spécialement délectable. Mais tout ceci n'implique pas de céder complètement à l'ivresse. Il n'y a *rien* de significatif à gagner dans la négociation avec la Troïka. Le scénario le plus avantageux est donc celui d'une reprise de négociation d'où sortiront quelques concessions de second ordre – diminution de la décimale du surplus primaire exigé, licence laissée au gouvernement grec d'organiser l'ajustement budgétaire comme il l'entend (et non sous la menue dictée de la Troïka), promesse éventuelle d'une discussion sur la restructuration de la dette (en étant vraiment très optimiste).

C'est qu'il y a des raisons sérieuses à ce que rien de plus ne puisse être obtenu. On les connait. L'Allemagne en fait partie. Que, entre Sigmar Gabriel et Martin Schulz, la réaction du SPD ait été encore plus violente que celle d'Angela Merkel pourrait peut-être finir par faire apercevoir de quoi il y va vraiment dans la position allemande. Les principes d'orthodoxie dont l'Allemagne a exigé l'inscription dans les traités sont l'expression d'une croyance monétaire transpartisane et pour ainsi dire métapolitique – en amont des différenciations politiques. Elle n'est pas une affaire d'« idéologie politique » au sens ordinaire du terme, c'est-à-dire de quelque chose qui ouvrirait la perspective d'un retournement possible à échéance électorale, mais une construction symbolique de longue période qui donne leur cadre commun aux alternances.

C'est dire combien la thèse de l'« Allemagne de Merkel », cette argutie de raccroc pour tous les Bernard Guetta, faux appel à la patience d'une future « Europe social-démocrate » [1] quand le débris qu'est la social-démocratie européenne est entièrement passé à droite, c'est dire combien cette thèse était promise – par bêtise ou par cécité volontaire ? – à ne rien comprendre à ce qui se passe en Europe, et surtout à ce qui ne pourra jamais s'y passer, en tout cas dans sa configuration actuelle.

Ce qui ne pourra jamais s'y passer c'est qu'un pays, qui plus est du Sud, prétende s'être soustrait aux *principes* – le thème récurrent de tous le commentaire allemand sur la Grèce, c'est *la règle enfreinte*. Que cette règle ne convienne qu'à l'Allemagne, qu'elle soit la sienne même, que partout ailleurs ou presque son application forcenée ait tourné à l'un des plus grands désastres économiques de l'histoire européenne, rien de ceci ne produira le moindre

1. Bernard Guetta, « De l'urgence de savoir défendre l'Europe », *Libération*, 26 février 2013.

bougé – et jusque dans les autres pays, notamment la France, en état de stupéfaction fusionnelle avec l'Allemagne, hommes politiques pour qui le « couple franco-allemand » est devenu un intouchable fétiche auquel tout sera aveuglément sacrifié, experts ressassant le catéchisme ordolibéral (dont même les économistes américains se tapent sur les cuisses qu'on puisse être bête à ce point de le prendre au sérieux), éditorialisme du gramophone.

C'est bien ici en tout cas que s'avèrera la malfaçon européenne. Le peuple allemand vit à sa manière la chose monétaire. C'est son droit le plus absolu. Mais il a choisi d'imposer sa manière à tous les autres. Et les problèmes ne pouvaient qu'apparaître. Après cinq ans d'épuisement, et même de persécution économique, le peuple grec vient de dire que cette manière, il n'en voulait plus. Ce sera donc manière contre manière, et voilà pourquoi l'« alternative de la table » se trouve reconduite à l'identique – aux concessions cosmétiques près dont on fait les communiqués de victoire des deux bords.

Il ne faut pas douter en effet de la réponse que donnerait l'électorat allemand s'il était consulté, sans doute d'autres avec lui, mais lui tout spécialement. Au lendemain du « non » grec, les incompatibilités européennes sont maintenant aiguisées à un point qui réduit à très peu l'espace des compromis, et ne permet plus du tout d'exclure par exemple que le parlement allemand, écrasante majorité sociale réunie derrière lui, rejette tout nouvel accord de l'Eurogroupe. Le référendum de Tsipras avait évidemment (aussi) à voir avec la préservation de sa coalition. Le refus de Merkel procédera des mêmes mobiles – auxquels il n'y a pas grand-chose à redire : à un certain moment les hommes politiques sont rappelés aux nécessités de leur politique nationale, celle qui les a mis là où ils sont.

Comme toujours la chasse aux lièvres sera ouverte et l'on verra le commentaire se précipiter avec passion sur toutes les fausses pistes : l'irresponsabilité des uns, l'égoïsme des autres, le défaut de solidarité de tous. Soit le fléau du moralisme. Car le moralisme est bien cette pensée indigente qui rapporte tout aux qualités morales des acteurs sans jamais voir ni les structures ni les rapports : rapports de force, de convenance ou de disconvenance, de compatibilité et de viabilité. On ne compose une totalité collective viable que si l'on met ensemble des parties qui entretiennent entre elles des rapports de compatibilité minimale. Et si cette compatibilité tombe sous un certain seuil critique, alors la totalité –tautologiquement – court à la décomposition. Le rapport entre la croyance monétaire allemande et les blocs d'affects de certains autres peuples européens est en train d'atteindre ce seuil. L'incompatibilité, restée masquée tant qu'un environnement macroéconomique pas trop défavorable permettait de tenir à peu près les objectifs, était vouée à devenir criante au premier point de crise sérieuse. Depuis 2009 nous y sommes.

Le droit des Allemands de ne pas vouloir voir enfreintes les règles auxquelles ils tiennent pardessus tout est finalement aussi légitime que celui des Grecs à ne pas être précipités aux tréfonds de la misère quand on les leur applique. C'est donc d'avoir imaginé faire tenir ensemble durablement ces deux droits sans penser aux conditions où ils pourraient devenir violemment antagonistes qui était une mauvaise idée. Ou alors il faut disposer des institutions qui rendent un peu plus compatibles les incompatibles, par exemple une union de transfert, sous la forme d'une (très significative) assurance-chômage européenne – le rapiéçage minimal quand, par ailleurs, tant de lourds problèmes demeureraient. Ceci en tout cas n'a rien d'une question de morale, c'est une question de structures, capables ou non d'accommoder des forces politiques centrifuges au sein d'un ensemble mal construit, et menacé d'une perte complète de viabilité pour n'avoir pensé aucune régulation de la divergence. Si l'Allemagne ne veut pas entendre parler d'annulation d'une (part de) dette qui ne peut qu'être annulée, il s'en suivra logiquement l'éclatement de la zone euro.

Et par tous les bouts. Car il ne faut pas s'y tromper : si d'aventure il se formait une coalition d'Etats-membres pour soutenir cette annulation, et plus généralement une réforme d'ampleur des principes monétaires de la zone, c'est l'Allemagne, éventuellement accompagnée de quelques semblables, qui menacerait de prendre le large, au nom de la défense de ses irréfragables principes – Gerxit et non Grexit, l'hypothèse constamment oubliée.

***

Il ne faut donc pas se tromper dans l'appréciation de la portée de l'événement *Oki*. Il est plus que douteux que le gouvernement Syriza obtienne davantage que des concessions marginales – dont il lui appartiendra de faire comme il peut une présentation triomphale... Mais ça n'est pas ainsi qu'il faut juger de l'événement, car c'est un ébranlement d'une tout autre sorte qui s'est produit dimanche 5 juillet.

L'ébranlement d'un peuple entier entré en rébellion avec les institutions européennes. Et l'annonce d'un crépuscule – donc aussi d'une aube à venir.

Ce qui s'est trouvé enfin condamné et appelé à l'effacement historique sous cette poussée d'un peuple, c'est une époque et ses hommes. Nous allons enfin entrer dans l'agonie de l'économicisme, cette dégénérescence de la politique, une vocation à la non-politique qui, comme de juste, ne cesse pas de faire de la politique – de même que la « fin des idéologies » est le dernier degré de l'idéologie –, mais de la pire des façons, au tréfonds d'un mélange de mensonge et d'inconscience. Seuls de grands cyniques étaient capables de voir que le règne gestionnaire, la réduction économiciste de tout, cette préférence de l'administration des choses sur le gouvernement des hommes, comme l'auront répété en boucle tout ce que le néolibéralisme a compté d'idiots utiles, seuls de grands cyniques, donc, étaient capables de voir qu'il y avait dans cette profession de foi anti-politique la plus sournoise des politiques.

Quitte à être du mauvais côté de la domination, il faut regretter qu'il n'y ait pas plus de cyniques. Eux au moins réfléchissent et ne se racontent pas d'histoires – ni à nous. On leur doit l'estime d'une forme d'intelligence. Mais quand les cyniques manquent ce sont les imbéciles qui prolifèrent. Le néolibéralisme aura été leur triomphe : ils ont été partout. Et d'abord au sommet. Une génération d'hommes politiques non-politiques. Le pouvoir à une génération d'imbéciles, incapables de penser, et bien sûr de faire de la politique. Le gouvernement par les ratios est le seul horizon de leur politique. On comprend mieux le fétichisme numérologique qui s'est emparé de toute la construction européenne sous leur conduite éclairée : 3 %, 60 %, 2 %. Voilà le résumé de « l'Europe ». On comprend que ces gens soient réduits à la perplexité d'une poule devant un démonte-pneu quand survient quelque chose de vraiment politique – un référendum par exemple. La perplexité et la panique en fait : la résurgence des forces déniées est un insupportable retour du refoulé. Qu'il y ait des passions politiques, que la politique soit affaire de passions, cela n'était pas prévu dans le tableur à ratios. Aussi observent-ils, interdits, les événements vraiment politiques : la quasi-sécession écossaise, les menaces équivalentes de la Flandre ou de la Catalogne – le sursaut grec, évidemment. Le choc de l'étrangeté est d'ailleurs tellement violent qu'ils s'efforcent spontanément de le recouvrir. Comme la guerre de Troie, les référendums n'ont pas eu lieu.

En une tragique prédestination à l'échec, c'est à cette génération qu'a été remise la construction européenne. On lui aura dû cette performance, appelée à entrer dans l'histoire, d'une monnaie unique sans construction politique – catastrophe intellectuelle typique de l'économicisme qui croit à la souveraineté de l'économie, et pense que les choses économiques tiennent d'elles-mêmes. Même leur réveil tardif, et brutal, est aussi pathétique que le sommeil épais d'où il les tire : « il faut une Europe politique ! » Mais le pyjama est de travers, le cheveu en bataille et les idées encore un peu grumeleuses. C'est qu'il ne suffit pas d'en appeler à une Europe politique pour qu'*ipso facto* elle advienne. La formation des communautés politiques n'est pas un jeu de meccano. Comme fait-on vivre ensemble des idiosyncrasies hétérogènes ? Par quelles formes institutionnelles peut-on espérer réduire leurs incompatibilités *ex ante* ? Quelles sont les contraintes d'une économie générale de la souveraineté ? Quelles sont les conditions de possibilité d'acceptation de la loi de la majorité ? Sont-elles nécessairement remplies ? Et dans le cas présent ? Tiens, on va aller poser toutes ces questions à Michel Sapin.

Comme un symptôme du degré ultime de soumission à l'ordre des choses qu'aura incarné la

« social-démocratie », c'est en effet au PS qu'on trouve les plus beaux spécimens de la catastrophe : Sapin donc, mais aussi Macron, Valls, Moscovici, et bien sûr, *primus inter pares*, Hollande. Les figures ahuries du gouvernement des ratios et, en temps de grande crise, les poules dans une forêt de démonte-pneu. Un cauchemar de poules. Il faut les regarder tourner ces pauvres bêtes, désorientées, hagardes et incomprenantes, au sens étymologique du terme *stupides*. Tout leur échappe. D'abord il y a belle lurette que les ratios ont explosé à dache, mais la vague angoisse qui les gagne leur fait bien sentir que c'est plus grave que ça : ça pourrait ne plus être une affaire de ratios... La pensée par ratios risque de ne plus suffire. Il faudrait refaire « cette chose... » : de la politique. « Mais comment faire ? Nous ne savons pas ».

On le sait qu'ils ne savent pas. Le pire, d'ailleurs, c'est quand ils font comme s'ils savaient. Qu'ils s'essayent à la « vision ». « Il faut que les jeunes Français aient envie de devenir milliardaires », voilà la pensée des ratios dans son effort de « prendre de la hauteur ». Les ratios en hauteur, ça donne ça : la vision civilisationnelle d'Emmanuel Macron. Voici les gens que nous mandatons pour nous conduire. Mais où peuvent-ils nous emmener si ce n'est au désastre – civilisationnel, précisément ? Comment imaginer que l'Europe à tête de bulot ait pu aller ailleurs qu'au naufrage ? Quelqu'un depuis vingt ans a-t-il éprouvé le moindre tremblement à un discours européiste ? Senti le moindre souffle ? Peut-on composer une épopée autre que grotesque lorsqu'on met bout à bout les odes à l'Europe sociale d'Elisabeth Guigou et de Martine Aubry, les bafouillements de Jacques Delors, les chuintements de Jean-Claude Juncker, les hystéries de Cohn-Bendit, les commercialismes de Lamy, les fulgurances charismatiques de Moscovici, et tant d'autres remarquables contributions à la chronique d'un désastre annoncé ? La vérité est qu'il suffisait de les écouter, ou plutôt de tendre l'oreille, en fait de percevoir l'absence de toute vibration, pour se pénétrer de la certitude de l'échec : une entreprise historique conduite par des gens de cette étoffe ne pouvait qu'échouer.

Il ne faut pas faire acception de cas singuliers : c'est bien une génération entière qui est en cause. La génération du néolibéralisme. Les autres pays ont les leurs, les mêmes : Barroso, Renzi, Monti, Zapatero, Verhofstadt, etc., tous ont été formés dans la même matrice, la matrice d'une *époque*. Comment l'économicisme néolibéral qui est une gigantesque dénégation du politique ne pouvait-il pas engendrer sa génération d'hommes politiques ignorants de la politique ? « Abandonnez ces sottises, regardez les ratios, ils ne sont ni de droite ni de gauche », on ne compte plus les décérébrés qui, répétant cet adage, auront cru s'affranchir de la politique, en faisant la pire des politiques : la politique qui s'ignore.

Et ceux-là auront été partout, pas seulement sous les lambris. Car c'est tout un bloc hégémonique qui aura communié dans la même éclipse. À commencer par ses intellectuels organiques, si vraiment on peut les appeler des intellectuels puisque, de même qu'il a fait dégénérer les hommes politiques, le néolibéralisme n'a produit que des formes dégénérées d'intellectuels : les experts. Et forcément : l'économicisme néolibéral ne pouvait se donner d'autres « intellectuels » que des économistes. Les dits *think tanks* auront été la fabrique de l'intellectuel devenu ingénieur-système. À la *République des Idées* c'était même un projet : en finir avec les pitres à chemise échancrée, désormais le sérieux des chiffres – la branche universitaire de la pensée des ratios.

Et derrière eux toute la cohorte des perruches – les journalistes. Fascinés par le pseudo-savoir économique auquel ils n'ont aucun accès de première main, ils ont gravement répété la nécessité de commandements économiques auxquels ils ne comprennent rien – de la même manière, on peut le parier, que, têtes vides, ils se la laisseront remplir par le nouvel air du temps et soutiendront exactement l'inverse dès que les vents auront tourné.

Il faut déjà les imaginer perturbés et angoissés par le conflit renaissant des autorités, comme des enfants devant la dispute des parents. Car on entend des économistes dissonants – si ce ne sont que des hétérodoxes, ça n'est pas trop grave. Mais il y aussi ces prix Nobel qui disent autre chose – c'est tout de même plus sérieux. Pis encore, de l'intérieur même de la curie, du dissensus se fait entendre : des économistes du FMI suggèrent *mezza voce* qu'il aurait pu y avoir quelques erreurs… du FMI, une sombre histoire de multiplicateur [1], mais on comprend bien que l'édifice doctrinal n'était pas, comme on le croyait, en marbre de Carrare. Que le monde ait été plongé en plein chaos en 2008, que des pays européens se tapent des descentes façon Grande Dépression années trente, non, cela ne pouvait avoir aucun effet sur les perruches, tant que la volière restait bien arrimée : ouvrir les yeux pour s'interroger ne sert à

1. Olivier Blanchard et Daniel Leigh, « Growth Forecast Errors and Fiscal Multipliers », *IMF Working Paper*, janvier 2013.

rien puisqu'il suffit d'écouter les réponses qui font autorité. Mais quand l'autorité commence à se craqueler, et que le clou menace de céder ?...

Pour l'heure il tient encore. On dépayse la volière et les perruches prennent le chemin d'Aix-en-Provence, où l'on va se réchauffer, et se rassurer, entre soi. On reviendra dûment regonflé en répétant les éléments de langage avec d'autant plus de conviction qu'ils ne sont pas reçus comme des éléments de langage mais comme des évidences qui parlent d'elles-mêmes : réforme, ne-pas-dépenser-plus-qu'on-ne-gagne (enfin-c'est-élémentaire), la-dette-qu'on-va-laisser-à-nos-enfants. Et puis pour les plus doués, ceux qui sont en classe supérieure : archéo-keynésianisme. C'est Emmanuel Macron qui le dit, et comme nous l'avons vu, c'est quelqu'un. Evidemment la perruche ignore cette phrase de Keynes, à qui ce serait faire insulte que de le mettre en simple comparaison avec Macron, cette phrase qui dit qu'il n'est pas de dirigeant politique qui ne soit l'esclave qui s'ignore d'un économiste du passé. C'est peu dire que Macron fait partie de ces esclaves inconscients et ravis. Et pour cause : il ne connaît même pas son maître. On va le lui indiquer. Son maître s'appelle Pigou. Une espèce d'Aghion de l'époque qui a si bien plaidé la cause de l'ajustement par les marchés que Hoover, Brünning et Laval ont dans un bel ensemble précipité leurs économies dans l'effondrement de la Grande Dépression. Emmanuel Macron, qui a appris à l'ENA l'économie dans la même version que son président l'histoire – pour les Nuls – ronronne de contentement en s'entendant dire « archéo-keynesien ». Et les perruches caquètent de joie tout autour. Le problème c'est qu'il est, lui, paléo-libéral. Et qu'il ajoute son nom à la série historique des années trente.

Et puis il y a l'élite : les twittos à selfie. Même au milieu des ruines fumantes de l'Europe effondrée, eux ne lâcheront rien : ce sera toujours la faute à autre chose, les Grecs feignants, les rouges-bruns, la bêtise des peuples, l'erreur, quand même il faut le dire, de trop de démocratie. Mais tous les systèmes ont leurs irréductibles acharnés et leurs obturés du jusqu'au bout.

Têtes politiques en gélatine, experts de service, journalisme dominant décérébré, voilà le cortège des importants qui aura fait une époque. Et dont les réalisations historiques, spécialement celle de l'Europe, seront offertes à l'appréciation des temps futurs. Il se pourrait que ce soit cette époque à laquelle le référendum grec aura porté un coup fatal. Comme on sait, il faut un moment entre le coup de hache décisif et le fracas de l'arbre qui s'abat. Mais toutes les fibres commencent déjà craquer. Maintenant il faut pousser, pousser c'est-à-dire refaire de la politique intensément puisque c'est la chose dont ils ignorent tout et que c'est par elle qu'on les renversera.

L'histoire nous livre un enseignement précieux : c'est qu'elle a des poubelles. Il y a des poubelles de l'histoire. Et c'est bien. On y met les époques faillies, les générations calamiteuses, les élites insuffisantes, bref les encombrants à oublier. Alors tous ensemble, voilà ce qu'il faudrait que nous fassions : faire la tournée des rebuts, remplir la benne, et prendre le chemin de la décharge.

La gauche et l'euro : liquider, reconstruire [1]

1. L'euro interdit radicalement toute politique progressiste possible.

2. S'il en était encore besoin, le traitement criminel infligé à la Grèce en six mois de brutalisation (rebaptisée « négociation ») prouve que l'entreprise de « transformer l'euro », ou l'hypothèse d'un « autre euro possible », sont des chimères qui, par désillusions successives, ne mènent qu'à l'impasse et à la désespérance politiques.

3. Abandonner aux extrêmes-droites (qui au demeurant n'en feront rien…) toute perspective politique d'en finir avec l'euro et ses institutions est

1. Ce texte a été publié sur le blog « La Pompe à Phynance », *Le Monde Diplomatique*, le 18 juillet 2015.

une faute politique qui condamne les gauches européennes à l'impuissance indéfinie.

4. À part continuer de soupirer après ce qui n'arrivera pas – un « autre euro » et l'« Europe sociale » qui va avec –, le réarmement des gauches européennes passe donc impérativement par l'imagination de l'après-euro.

L'avenir de la gauche se joue entre ces quatre propositions.

Les refus « internationalistes » de penser

À ceux qui, sincèrement de gauche, se sont refusé si longtemps à voir l'impasse de l'euro, pour entretenir l'illusion d'un improbable « rapport de force » qui permettrait d'en changer la configuration, à ceux à qui il aura fallu le calvaire grec pour (commencer à) mesurer la radicalité idéologique des institutions européennes, il faut dire qu'après que cette erreur ait assommé les Grecs de Syriza, elle assommera les Espagnols de Podemos, et puis que nous y passeront tous.

Depuis tant d'années, certains secteurs de la gauche, par un mélange d'internationalisme postural et de reddition sans combattre face aux menées récupératrices du Front national, ont refusé de voir ce qui était pourtant sous leurs yeux : un despotisme économique *irréductible*. Despotisme, puisqu'on ne peut nommer autrement une entreprise aussi résolue de négation de la souveraineté démocratique, et ceci, d'ailleurs, indépendamment de toute considération d'échelle territoriale : soustraire la politique économique à la délibération parlementaire ordinaire pour en inscrire les orientations fondamentales dans un texte constitutionnel, en l'occurrence celui des traités, est un acte d'une telle portée qu'on s'est toujours demandé comment il pouvait se trouver des personnes pour qualifier l'Europe de « démocratique » sans aussitôt sombrer dans le ridicule. Irréductible, car c'est un despotisme sous influence, l'influence d'un pays qui joue ce qu'il se représente comme ses intérêts vitaux dans un agencement institutionnel entièrement fait à sa mesure : l'Allemagne.

On ne compte plus les intellectuels qui, sous l'emprise de leurs terreurs nocturnes, ont fini par renoncer à penser quoi que ce soit qui aille au cœur de la situation européenne, et se retrouvent au comble du dénuement face à l'extrême, mais trop prévisible, violence faite à la Grèce. Il fallait vraiment avoir perdu toute colonne vertébrale pour s'interdire de penser à ce point, de peur d'avoir l'air de penser comme le Front national, et (surtout) sans être capable de penser ce qu'il y avait à penser autrement que le Front national : penser la souveraineté en général, penser les conditions de possibilité de son redéploiement international, penser l'idiosyncrasie allemande et ses inévitables effets dans toute construction monétaire européenne.

On se demande encore en quelles interdictions ces gens-là ont pu s'enfermer pour en arriver à oublier que la souveraineté, dans son concept, c'est-à-dire comme « décider en commun », n'est pas autre chose que la démocratie même, qu'il y faut un peu plus que quelques bons sentiments universalistes pour constituer un peuple de peuples [1], ou que questionner le rapport de la société allemande à la chose monétaire n'est pas plus germanophobe que questionner le rapport de la société américaine aux armes à feu n'est américanophobe. Et plus généralement pour en arriver à un degré de cécité volontaire tel qu'il aura rendu impossible toute analyse des données réelles des compatibilités – ou des incompatibilités – qui déterminent la viabilité d'une construction monétaire et politique commune.

1. Voir à ce sujet « Un peuple européen est-il possible ? », *Le Monde Diplomatique*, avril 2015.

Il aura fallu en particulier atteindre ce niveau de brutalisation d'un pays par un autre, sans précédent en temps de paix, pour qu'enfin la question de l'Allemagne commence à échapper aux censures qui ont jusqu'ici prononcé leurs interdictions enveloppées de vertu. On reconnaît l'indigence d'une pensée à son incapacité à traiter aucun problème autrement que dans des coordonnées morales. Mais la manie de passer toute question au filtre d'une interrogation préalable de vertu est le plus sûr moyen de passer à côté de ce qu'il y a à *comprendre*, de toute saisie positive du réel, indépendamment de tout jugement, qui viendra à son heure. On peut, par exemple, s'interroger sur les mécanismes sociaux et les héritages historiques qui soutiennent la passion américaine pour les armes sans avoir fait connaître son opinion sur la question, ni lui *soumettre* entièrement l'analyse. Faute d'avoir envisagé de penser le rapport tout à fait singulier de l'Allemagne à la monnaie autrement que sous le crible débile de la germanophobie ou de la germanophilie, le refus de penser se retrouve logiquement percuté par la violence d'un fait, et reconduit à son incapacité de comprendre.

Encore un pilote enfermé dans le cockpit

Au moins les dénégations du pharisaïsme sont-elles maintenant devenues intenables, quitte d'ailleurs à se donner des formulations néo-éclairées d'une naïveté touchante : L'Allemagne est *« le nouveau problème de l'Europe »* écrit ainsi François Bonnet [1]. Le *nouveau* problème… C'est juste le problème *constitutionnel* de la monnaie unique, et il est consigné depuis 1991 dans le texte des traités. Un pays, l'Allemagne, a imposé ses obsessions monétaires à tous les autres. Tous les pays vivent avec les obsessions de leur roman national, c'est bien leur droit, en tout cas à court et même moyen terme il n'y a rien à y faire. C'est qu'un pays exige d'autres qu'ils vivent sous ses propres manies, quand ces manies-là ne sont pas les leurs, qui est le commencement des problèmes. Contrairement à ceux qui ne peuvent pas penser l'hégémonie allemande sans des images de Panzer ou de casque à pointe, il faut redire que l'Allemagne dans cette affaire n'a jamais poursuivi de projet positif de domination, et que ses comportements n'ont jamais été gouvernés que par la peur

1. François Bonnet, « L'Allemagne, le nouveau problème de l'Europe », Mediapart, 12 juillet 2015.

panique de souffrir, dans le partage communautaire, l'altération de principes qui lui sont plus chers que tout. Or il ne faut pas s'y tromper : une angoisse collective, surtout quand elle est de cette intensité, ne détermine pas moins à la violence que les menées conquérantes de l'hégémonie positive. Peut-être même au contraire. C'est qu'il y a dans les projets hégémoniques un reliquat de rationalité auquel les paniques monétaires allemandes sont devenues totalement étrangères.

En témoignent la brutalité aveugle avec laquelle l'Allemagne a décidé de châtier la Grèce, et plus encore son inaccessibilité à toute argumentation rationnelle. Quand la presse française, collée au cul de Sapin et de Moscovici, se contente pour tout récit des négociations de leur version, avec le consciencieux d'un bureau de propagande d'Etat et le label de la « presse libre » [1], faisant à peu de choses près passer les négociateurs grecs pour des clodos égarés, des paysans du Danube ignorants des usages et des codes – pensez-donc, ils n'ont même pas de cravate –, bref incapables de se tenir dans

1. À cet égard il faut considérer comme un sommet de ce journalisme *embedded* le récit fait par Jean Quatremer de l'accord du 21 février, « Grèce vs. Eurozone : histoire secrète d'un bras de fer », *Libération*, 10 mars 2015.

la bonne société européenne, et avec lesquels il est tout simplement impossible de discuter, Varoufakis [1] et Tsakalotos [2] ont, eux, découvert, stupéfaits, un club de l'eurozone semblable à un hôpital de jour, une réunion de grands autistes à qui il est impossible de faire entendre la moindre argumentation économique, et dont la psychorigidité terminale ne connaît plus que la conformité aux règles, fussent-elles de la dernière absurdité, et le continent entier dût-il en périr.

Que désormais la majorité des économistes, ceux du FMI en tête, et prix Nobel compris, n'hésitent plus à hurler au fou en découvrant les dernières trouvailles de l'Eurogroupe – rajouter une dose massive de ce qui a déjà méthodiquement détruit l'économie grecque –, n'est plus d'aucun effet. On peut déjà dire, à la louche, mais sans grand risque de se tromper de beaucoup, qu'en étant certain de précipiter la Grèce dans une récession carabinée pour 2015, le « plan », supposément fait pour réduire le ratio de dette, lui fera passer les 200 % de PIB, ainsi

1. Yanis Varoufakis, « Our Battle to Save Greece », *New Statesman*, 13 juillet 2015.

2. Voir le témoignage de Stathis Kouvelakis, « Greece, the Struggle Continues », entretien avec Sebastian Budgen, *Jacobin*, 14 juillet 2015.

que le taux de chômage les 30 %, à horizon d'un an ou deux. Mais peu importe, l'essentiel est de les passer *dans les règles*. À ce moment, vient immanquablement à l'esprit l'image du cinglé enfermé dans le cockpit de l'Airbus toutes manettes bloquées en mode descente (l'avion était un modèle européen, et le pilote allemand, on ne le fait pas exprès, c'est comme ça), le monde entier tambourine au dehors (« ouvre cette putain de porte ! ») – mais comme on sait la conséquence annoncée n'était pas de nature à entamer la détermination de l'intéressé.

Comme toute métaphore, celle-ci a sa limite : l'Allemagne n'a pas le *projet* de pulvériser l'Union monétaire. Elle est juste obsédée par l'idée de continuer à y maintenir les principes qui lui ont réussi quand elle était seule, dont elle a fait une identité nationale de substitution, et dont rien au monde ne pourra la détacher – et certainement pas le renvoi d'un peuple entier, ou de plusieurs, au dernier degré de la misère. Qu'une frange de gauche radicale en Allemagne se déclare scandalisée et se lève contre son propre gouvernement, d'ailleurs en une démonstration de ce qu'est vraiment l'internationalisme – ne pas endosser aveuglément les faits et gestes de son pays parce que c'est son pays –, demeure un fait minoritaire et n'ôte rien à la massivité du consensus *social* – et non politique –, transpartisan, dont la croyance monétaire allemande se soutient : pour autant qu'on puisse lui accorder quelque confiance, un sondage publié par *Stern* indique que la position d'Angela Merkel à l'Eurogroupe du 12 juillet est approuvé par 77 % des Verts, et 53 % des sympathisants de Die Linke – 53 % de Die Linke…

François Hollande, le « grand frère de Tsipras » ?

Mais le vrai mystère européen n'est pas en Allemagne – à laquelle, finalement, on ne saurait reprocher de vouloir vivre la monnaie selon l'idée qu'elle s'en fait, et d'après les traumas de son histoire. Il est dans d'autres pays, la France tout particulièrement, qui se sont approprié la manie allemande hors de tout contexte propre, alors que rien dans leur histoire ne les vouait à épouser une telle particularité – alors que tout les vouait plutôt à ne pas l'épouser –, et sur un mode proprement idéologique, jusqu'à finir par y voir une forme désirable de rationalité économique – évidemment une « rationalité » assez spéciale, puisqu'elle est étrangère à toute discussion rationnelle –, un peu à la manière d'athées qui non, contents de s'être convertis au dogme de l'Immaculée conception, entreprendraient de s'y tenir par ce qu'ils croiraient être une décision de la raison. À ce stade, et l'on y verra un indice du degré de dinguerie de la chose, on ne peut même plus dire qu'il s'agit simplement de la « rationalité » du capital : le capital n'est pas fou au point de désirer la strangulation définitive, à laquelle lui-même ne peut pas survivre – et les forces capitalistes américaines, par exemple, assistent, interloquées, à l'auto-destruction européenne. Mais ces considérations n'entrent pas dans la haute pensée des élites françaises, qui cultivent l'aveuglement des convertis de fraîche date à titre transpartisan, comme l'Allemagne la croyance de première main.

On reconnaît en effet le fin fond de la bêtise à ce que non contente de se donner libre cours, elle se vante de ses propres accomplissements. François Hollande, précocement parti dans la chasse aux gogos, est désormais occupé à faire croire qu'il est de gauche, ou plutôt à faire oublier à quel point il est de droite. Aussi, avec un art du pointillisme qui fait plutôt penser à la peinture au rouleau, le voilà qui pense se refaire la cerise « à gauche » en « venant au secours de Tspiras ». Il n'en faut pas plus pour que l'éditorialisme de service, spécialement celui qui s'est donné pour vocation de ne jamais rien faire qui puisse contrarier la droite complexée en situation électorale, fait bruyamment chorus : *« Hollande, est devenu une sorte de grand frère européen de Tspiras »* s'extasie *Libération* [1]...

S'il y avait la moindre lueur de vitalité dans le regard de Hollande, on pourrait à la rigueur l'imaginer en Caïn comme grand frère tabasseur. Mais même pas : il n'y a rien d'autre à y voir que la combinaison de l'abrutissement idéologique le plus compact et de l'opportunisme électoral le plus crasse – non sans se souvenir qu'il n'y a de manœuvres opportunistes réussies que s'il y a des relais d'opinion suffisamment veules pour les proclamer réussies. Dans le cas présent cependant, les chefferies rédactionnelles n'ont pas fini de mouiller la chemise : c'est qu'il va falloir de l'imagination à la hauteur du lyrisme pour faire avaler comme épopée de gauche d'avoir si bien « aidé » Tsipras à se raccrocher à la corde du pendu. Quand se feront connaître les splendides résultats de l'équarrissage économique auquel Hollande, en grand frère, aura conduit Tsipras par la main, il nous sera donné une nouvelle occasion, plus fiable peut-être, d'évaluer la teneur

1. Grégoire Biseau, « François Hollande en coach politique », *Libération*, 10 juillet 2015

réelle de « gauche » de cette forme toute particulière de la sollicitude social-démocrate.

Syriza (Tsipras), Podemos (Iglesias) : prendre ses pertes dès maintenant

Et ailleurs en Europe, du côté de la vraie gauche ? Les traders emportés dans une glissade de marché connaissent bien l'obstacle principal à la décision rationnelle, il est psychologique : la répugnance à « prendre ses pertes » [1], et l'entêtement à vouloir se refaire. Après Syriza, ou disons plus justement après le Syriza de Tsipras, et avant Podemos, les gauches européennes en sont là.

Le souvenir est encore frais de l'« accueil » qu'avait reçu en janvier, en pleine montée électorale de Syriza, c'est-à-dire à un moment où l'emballement des espoirs ne veut plus connaître aucune contrariété, l'anticipation d'une rude alternative – la « table » – dont on suggérait d'ailleurs que le terme le moins avantageux – « passer dessous » – était aussi

1. Dans le langage de la finance, « prendre ses pertes » signifie accepter que ses actifs ne retrouveront pas leur valeur perdue, et consentir à les vendre à perte, sachant que toute attente supplémentaire les verra se déprécier davantage encore.

le plus probable. De ce point de vue, on aimerait assez connaître l'avis que portent rétrospectivement certains sur leurs propres puissantes analyses, on pense en particulier à Michel Husson qui à l'époque n'avait pas manqué de critiquer *« le syllogisme de la défaite »*, *« l'absence totale de sens stratégique »*, *« l'ânerie stratégique majeure de la sortie de l'euro »*, avec des arguments qui, en effet, nous font voir aujourd'hui que la stratégie est bien son affaire. [En réalité, il faut voir tout son texte [1] comme un symptôme car, là où sur les autres sujets de ses interventions, le travail de Michel Husson est indispensable et d'une grande qualité, les questions de l'euro et de la souveraineté ont l'effet de lui mettre, mais comme à tant d'autres, l'entendement en erreur système, avec tout le compteur intellectuel qui disjoncte : l'analyse de l'idiosyncrasie allemande n'est qu'« essentialisation », la sortie de l'euro du « nationalisme », et tous les pont-aux-ânes de l'internationalisme-réflexe y passent les uns après les autres [2]].

1. Michel Husson, « Lordon, ou le syllogisme de la défaite », Alencontre, 21 janvier 2015.
2. Voir dans ce recueil « Leçon de Grèce à l'usage d'un internationalisme imaginaire (et en vue d'un internationalisme réel) ».

Podemos, le prochain prisonnier de la « croyance de l'euro »

On laissera à d'autres le soin de se prononcer sur les convolutions de l'esprit d'Alexis Tsipras, dont les divers mouvements, spécialement celui du référendum, ont parfois pu donner à espérer (moi y compris [1]) que, réticent à la sortie de l'euro, il pouvait cependant être capable de briser ses propres limites, après avoir achevé de parcourir, comme par acquit de conscience, toutes les (im)possibilités de la « négociation ». Mais non.

On reconnaît la servitude volontaire, ou comme dirait Bourdieu la violence symbolique, à ceci que les dominés épousent fondamentalement la croyance des dominants, même si c'est la croyance constitutive d'un ordre qui les voue à la domination, parfois à l'écrasement. Tsipras aura donc été incapable de s'extraire de la « croyance de l'euro », à laquelle, l'expérience maintenant le prouve irréfutablement, il aura été disposé à tout sacrifier : la souveraineté de son pays, l'état de son économie, et peut-être bien, à titre plus personnel, sa grandeur politique.

1. « L'euro, ou la haine de la démocratie », blog « La Pompe à Phynance », *Le Monde Diplomatique*, 29 juin 2015.

Car la chose est désormais écrite, quelle que soit la suite des événements : il y a des places dans l'histoire politique auxquelles on ne peut plus prétendre après avoir à ce point renié les engagements qui ont porté tout un peuple – c'est qu'on voit mal derrière quelles indulgences on pourrait accommoder d'avoir consenti à un memorandum plus catastrophique que le précédent quand on a fait serment de rompre avec les memoranda, et pire encore de ne plus hésiter à aller chercher loin à droite des majorités de rechange pour le faire voter. Il est donc avéré que Tsipras était mentalement prisonnier de l'euro, et l'on sait désormais où conduit ce type d'enfermement volontaire. Disons les choses tout de suite, quitte à ce que ce soit avec rudesse : le Podemos d'Iglesias le rejoindra dans la même cellule.

Il y aurait beaucoup à dire sur Podemos, sur ses prémisses – justes – d'une perte d'efficacité du langage « classique », on pourrait même dire d'une certaine phraséologie de gauche, mais aussi sur les conclusions qu'il en tire, et qui le conduisent malheureusement, non pas à chercher les voies d'une nouvelle adresse, mais, le bébé filant avec l'eau du bain, à l'évacuation même de la catégorie de gauche, pour ne rien dire de celle de classe, si bien que ce qui devait n'être que (souhaitable) rectification de forme aboutit à une inquiétante déperdition de substance : ne plus vouloir parler, fût-ce dans des termes renouvelés, du capital parce que ça fait *old school*, pour livrer une vision du monde à base de « la caste contre le peuple », aller jusqu'à revendiquer la péremption de la catégorie de gauche, sont des partis pris fondamentaux, en l'occurrence tout à fait explicites, qu'il y a lieu de regarder avec quelques appréhensions, pour ne pas dire une légitime suspicion – dont se fait déjà l'écho, par exemple, la *New Left Review* quand elle interroge Iglesias [1].

On ne s'étendra pas non plus (il le faudrait pourtant) sur la mutation radicale de Podemos en parti pour le coup lui des plus classiques, et de son personnage principal en un leader charismatique qui, classique, ne l'est pas moins, au prix d'une trahison manifeste avec l'esprit du mouvement des places, dont Podemos est pourtant issu – et qu'on n'aille pas faire porter à la présente analyse l'excès polémique typiquement gauchiste de la « trahison », c'est Jorge Lago, membre de la direction de Podemos qui assume lui-même le terme avec une déconcertante tranquillité d'âme [2].

1. Pablo Iglesias, « Spain on Edge », entretien, *New Left Review*, n° 93, mai-juin 2015.

2. Jorge Lago, « Contre-courant », Mediapart, 1er juillet 2015.

Très logiquement, le réarmement de Podemos en machine électorale entièrement tendue vers la conquête du pouvoir est voué à l'abandon en court de route de quelques principes et de quelques espérances… On en est presque à se demander s'il faudra mettre au compte de ses prévisibles « délestages » une déception (de plus) sur l'euro et l'Europe, déception qui en réalité n'a presque pas lieu d'être. Car au moins les choses sont claires dès le départ, elles feront même la différence, si c'est possible, entre Syriza et Podemos : là où Tsipras doit indiscutablement être crédité de s'être battu, Iglesias n'essaiera même pas. Il ne s'agit pas là d'anticipation mais de simple lecture : *« Nous n'aimons pas la façon dont l'euro s'est construit, ni comment ont été mis en place les accords de Maastricht, mais nous pensons que l'euro est actuellement incontournable. Il faut certes améliorer la façon dont est gérée la monnaie unique, et nous pensons qu'il devrait y avoir à ce sujet un contrôle démocratique, mais nous ne sommes pas partisans de la sortie de l'euro pour notre pays (…) Même si nous n'aimons pas la façon dont fonctionne la BCE, nous assumons d'être dans la zone euro »* [1]. Comme toujours dans un propos politique, il y a le creux et il y a le plein.

1. *L'Obs*, entretien avec Aude Lancelin, 17 juin 2015.

Le creux : nous n'aimons pas les choses comme elles sont, d'ailleurs nous disons qu'il faut les changer ! Le plein : nous assumons d'être dans l'euro et nous pensons qu'il est incontournable. C'est-à-dire que ce qui précède n'est pas sérieux, car la réalité est que nous ne changerons rien. On ne devrait donc pas être davantage étonné qu'Iglesias *« n'aime pas l'accord (de l'Eurogroupe), mais que c'était soit l'accord, soit la sortie de l'euro »* [1].

On peut sans doute compter encore sur quelques bonnes volontés alter-européistes pour reprendre à leur compte l'argument répété en boucle par Podemos – qui en réalité n'en a pas d'autre : à 2 % de PIB européen, la Grèce n'avait pas sa chance, à 14 % l'Espagne a la masse pour tout faire basculer. Mais, supposé qu'on puisse lui prêter vraiment le projet de faire basculer quoi que ce soit, Iglesias ne fera rien basculer du tout. Ou plutôt il ferait basculer tout autre chose que ce qu'il croit. C'est bien en ce point d'ailleurs que se tient l'erreur presque « logique » des croyants de l'« autre euro possible ». Car s'il s'avérait que se crée effectivement un mouvement consistant de plusieurs pays rendant plausible une révision

1. Cité par Ludovic Lamant, « En Espagne, Podemos s'adapte à l'onde de choc grecque », Mediapart, 17 juillet 2015.

significative des principes de l'euro… c'est l'Allemagne, sans doute accompagnée de quelques satellites, qui prendrait le large. Si bien qu'au moment même où il serait sur le point d'être changé… l'euro serait détruit ! Il n'y aura pas d'« autre euro » dans son périmètre actuel – avec l'Allemagne –, car tout autre euro possible sera inadmissible pour elle, et se fera sans elle.

Ce n'est pas nous qui devons compter sur Podemos, c'est Podemos qui doit compter sur nous !

Aucun risque : Podemos ne veut rien de tout ça. On verra bien comment il s'arrange de ses propres contradictions : en finir avec l'austérité sans changer l'euro de l'austérité est une performance logique dont on peine toujours autant à discerner les voies, une de celles à laquelle les gauches européennes s'abonnent avec une désarmante compulsion de répétition. En tout cas, on ne pourra pas dire qu'on ne savait pas. Comment tout ça se terminera, la chose n'est que trop claire, elle est comme déjà écrite. Il ne faudra pas venir pleurer une fois de plus sur les normalisations douloureuses et les espérances (encore) déçues.

Voilà donc le drame actuel des gauches européennes. Du fin fond de la déveine où elles se trouvent, Syriza et Podemos leur ont été de puissantes raisons d'espérer, l'aliment d'un désir de croire à un possible renouveau au travers du continent – et comment ne pas le comprendre, avouons-le : comment ne pas avoir soi-même éprouvé la tentation de se laisser gagner par ce sentiment ? Les stratégies politiques « de l'espoir », cependant, font fausse route quand elles prennent le parti de tout accorder à leurs affects et plus rien à la raison analytique si elle risque de venir les contredire. Malheureusement, et si douloureuse la chose soit-elle parfois, on gagne rarement à ne pas regarder les situations en face. Une vraie stratégie politique, reconnaissable à ce qu'elle fait aussi bien la part de la lucidité que celle de l'espoir, devrait tenir et l'indiscutable énergie politique que, pour toutes leurs failles, ces mouvements ont fait naître, et la claire conscience des impasses où ils s'engagent, et ce faisant nous engagent, lorsqu'ils refusent à ce point de poser la question de l'euro – dont il ne faut pas se lasser de répéter qu'elle est le verrou radical de notre temps.

S'il doit être autre chose qu'un nouveau motif de dépression, le naufrage de Tsipras doit être intellectuellement rentabilisé, et nous aider, pour enfin faire mouvement, à passer une bonne fois la paille de fer. C'est-à-dire, en l'occurrence, à d'ores et déjà « passer dans les comptes » les pertes Podemos telles qu'on peut raisonnablement les anticiper. Sauf si… Sauf si, au lieu de compter sur la défectuosité Podemos pour réanimer (défectueusement) les gauches européennes, on compte plutôt sur les gauches européennes pour réorienter Podemos – et pourquoi pas Syriza s'il en reste quelque chose (ce qu'on espère le plus au monde, faut-il le dire). Cette réorientation, où la gauche en Europe engage son sort en la possibilité d'échapper enfin à l'inanité, se joue entièrement sur la ligne de la rupture avec l'euro et ses institutions, une fois intégré – il est vraiment temps… – qu'un autre euro *n'est pas* possible.

Lucidité pour tout le monde

Il est bien certain que la désynchronisation des conjonctures politiques voue le plus probablement cette rupture à prendre les formes du retour à des monnaies nationales – dont trois décennies de fordisme (comme d'ailleurs la situation présente des quelques 180 nations qui n'ont pas l'immense bonheur d'appartenir à l'eurozone) devraient normalement convaincre tout esprit ayant résisté à la croyance européiste qu'elles ne sont pas *la guerre*.

La lucidité valant pour tout le monde, il serait irresponsable de présenter la sortie de l'euro comme l'entrée immédiate dans la lumière. Quand il s'agit de la Grèce, on peut, on doit même, dire les choses plus carrément encore : la (les ?) première année de cette sortie serait très éprouvante. C'est qu'après cinq années d'austérité ayant méthodiquement détruit la base économique du pays, sans même parler des effets de dislocation produits par la criminelle asphyxie monétaire pilotée par la BCE ces dernières semaines, n'importe laquelle des options de politique économique disponibles, est vouée à commencer par d'immenses difficultés – et certaines de ces options, celles de la Troïka, à y demeurer. Tragique ironie du diktat du 12 juillet : là où la sortie de l'euro se serait immanquablement vu opposer son « échec » au bout de cinq mois (ou même cinq semaines…) – les politiques néolibérales, elles, ont le droit de durer cinq ans, ou même trois décennies sans qu'on n'en tire jamais le bilan –, là où, donc, la sortie de l'euro aurait été aussitôt agonie, c'est la politique d'austérité continuée qui portera la responsabilité du surplus de désastre que l'économie grecque va connaître immanquablement – et ça n'est que justice : c'est bien cette politique-là qui a fait un corps mort de l'économie d'un pays tout entier.

On répète *ad nauseam* que le peuple grec ne veut pas quitter l'euro et que, dans ces conditions, Tsipras a joué la seule carte qui était à sa disposition. Mais ceci est irrecevable. L'opinion grecque a déjà commencé à se déplacer sur cette question, et comme l'a fait justement remarquer Stathis Kouvelakis [1], le vrai sens du « non » au référendum du 5 juillet incluait évidemment l'acceptation d'une rupture avec l'eurozone : les partisans du « non » se sont entendu matraquer pendant une semaine que leur vote était synonyme de Grexit, et il est peu douteux que bon nombre d'entre eux aient persisté dans leur intention de vote en y incorporant pleinement cette possibilité, donc en l'assumant comme telle. Il y a aussi, et surtout, que la politique est un corps-à-corps avec l'opinion. C'est entendre l'opinion et aussi lui parler. Parler à l'opinion, contre ses réticences premières, pour y faire « prendre » l'idée de la sortie de l'euro, de ses difficultés et bien sûr de ses perspectives, c'est ce que Tsipras, en cela cohérent avec lui-même – il n'y croyait pas et ne

1. Stathis Kouvelakis, *art.cit.*

le voulait pas –, n'a (donc) jamais essayé de faire. Y compris lorsque la force propulsive du « non » lui en apportait la possibilité. Or, il était bien des choses à dire pour entraîner l'opinion grecque là où elle commençait d'elle-même à se rendre. Les métaphores valent ce qu'elles valent et il faut se méfier de certaines qui sont parfois scabreuses, mais sans pousser trop loin l'analogie de la domination par les *« tanks »* et de la domination par les *« banks »* [1], il est une idée à laquelle l'opinion grecque, au point où elle en est arrivée, pourrait être sensible : de même qu'en cas d'occupation étrangère, les luttes de libération acceptent bien le supplément de destruction qui vient de se battre sur son sol, et qu'elles l'acceptent car il y va de la reconquête de la liberté, de même le surplus de difficulté qui accompagnerait immanquablement la sortie de l'euro est, dans l'impasse présente, le tribut de la reconstruction politique.

1. Une demi-plaisanterie qui fait fureur en Grèce en ce moment et qu'on a même vu Varoufakis reprendre à son compte : « On the Eurosummit statement on Greece, first thought », blog de Yanis Varoufakis, 14 juillet 2015.

Lexit!

Or c'est peu dire qu'il y a à reconquérir et à reconstruire – par la gauche. La souveraineté, non comme talisman, mais comme condition de possibilité de toute politique progressiste – car répétons-le : la sortie de l'euro n'est jamais qu'une condition *nécessaire*, et certainement pas suffisante. On peut sortir de l'euro de bien des manières, et par bien des côtés – qui ne se valent pas du tout. Dans une sorte de syndrome d'autoréalisation inconsciente, la gauche européiste semble mettre tous ses efforts à ne laisser ouvert que le côté de la droite extrême, comme pour mieux se donner raison à elle-même et mieux pouvoir dire ensuite que la sortie de l'euro, « c'est le nationalisme ». Si c'est ça, ça n'est pas exactement un service qu'elle se rend, ni à tous ceux qui remettent leurs espoirs en elle. La vérité, c'est que depuis qu'elle a décidé de camper obstinément sur la ligne de l'« autre euro », elle ne rend plus service à grand monde. Comme les pouvoirs de l'analyse sont faibles – il n'y a pas de force intrinsèque des idées vraies, disait Bourdieu –, et que la lucidité du réalisme n'est pas le fort de cette gauche, il aura fallu en arriver aux extrémités du spectacle en vraie grandeur, celui d'une illusion fracassée, d'une impossibilité radicale désormais établie, du rôle spécifique qu'y joue un Etat-membre, enfin de tout un peuple sacrifié, il aura fallu en arriver à ces extrémités, donc, pour que quelques vacillements commencent à se faire connaître. Mais de que de temps perdu…

Comme il n'est jamais très utile de pleurer sur le lait renversé, il vaut mieux oublier le temps perdu et songer plutôt à faire quelque chose du temps à venir. Même si elle ne le sait pas encore, la construction européenne est morte. On ne peut pas survivre à une telle infamie. Le destin de l'Union européenne est maintenant celui des entreprises devenues haïssables : elle n'est plus qu'en attente de son renversement. Faudra-t-il patienter de nouveau jusqu'à la ruine complète pour que la gauche européiste s'interroge sérieusement sur l'obstination qui l'aura conduite à se lier à une erreur historique de ce format, même sous la clause « alter » dont il est maintenant établi qu'elle n'altèrera plus rien ? Ca n'est pas une autre version du même qu'il s'agit de penser, c'est de « l'autre » tout court, et pour de bon. Voilà à quoi devrait servir le temps à venir des gauches européennes : à lever enfin l'hypothèque de l'euro, à penser de concert ce qu'elles s'aideront mutuellement à faire : les unes soutiendront telle autre à qui sa conjoncture permettra de se mettre en marche indépendamment, et celle-ci les aidera en retour à accélérer leurs propres évolutions – solidarités concrètes dans un mouvement d'ensemble nécessairement mal synchronisé, mais où les effets d'entraînement par émulation jouent réellement, à l'inverse des grandes coordinations fantasmatiques de l'internationalisme abstrait.

Voilà ce qu'est un internationalisme bien compris, c'est-à-dire qui ne soit pas totalement confit en postures ni oublieux du réel, un internationalisme qui pourrait même, si l'on veut, trouver son compte dans le retour aux monnaies nationales, comme base d'un nouveau départ vers la reconstruction d'une monnaie, non plus unique, mais commune [1], un internationalisme auquel il faudrait quand même expliquer que, sauf s'il a complètement succombé à l'économicisme, il pourrait lui venir à l'idée de trouver ses réalisations ailleurs que dans l'ordre de la monnaie, fût-elle européenne…

1. Voir Frédéric Lordon, *La Malfaçon. Monnaie européenne et souveraineté démocratique*, Les Liens qui Libèrent, 2014, chapitre 7, ou bien « Pour une monnaie commune sans l'Allemagne (ou avec, mais pas à la francfortoise) », Blog « La Pompe à Phynance », *Le Monde Diplomatique*, 25 mai 2013.

Plaidant depuis sa situation à lui, celle d'un citoyen du Royaume-Uni, où l'on est confronté plus carrément à la question de l'appartenance non à l'eurozone mais à l'Union européenne elle-même, Owen Jones, dans un article du *Guardian* [1], lance une idée qui pourrait bien avoir un certain avenir : l'idée du Lexit (*Left-Exit*). Ca n'est plus tel ou tel pays qu'il faut faire sortir de l'euro : c'est la gauche elle-même.

1. Owen Jones, «The Left must put Britain's EU Withdrawal on the Agenda", *The Guardian*, 14 juillet 2015.

Plan A, plan B ? Plan C ! [1]

Comme à l'époque où nous jouions avec les petites lettres en vermicelle dans le bouillon, voilà donc que la gauche redécouvre son alphabet : plan A, plan B, Varoufakis avait un plan X, et même Schaüble, dit-on, un plan Z… pour mettre les Grecs dehors (mais lui n'est pas trop de gauche…). Alors, soit, retombons en enfance, et jouons avec toutes les lettres.

Dans les termes qui ont été posés par la synthèse du PG [2], et puis offerts à un concours des autres pays d'Europe, le plan A doit au moins être crédité

1. Ce texte a été publié sur le blog « La Pompe à Phynance », *Le Monde Diplomatique*, le 1er octobre 2015.

2. Voir Eric Coquerel, « Pour un sommet internationaliste du plan B », 18 août 2015.

d'une sorte de logique de l'acquit de conscience. « Pour qu'on ne puisse pas nous reprocher de ne pas avoir tout essayé », voilà essentiellement l'argument du plan A, qui, par ailleurs, ne croit sans doute pas (en tout cas ne devrait pas) à sa propre possibilité – on dira pourquoi dans un instant.

Des plans, mais pour aller où ?

C'est très bien d'avoir des plans en tout cas. C'est encore mieux si on est au clair quant à leurs objectifs. On peut bien faire des plans pour leur propriété de nous rassurer à propos de notre capacité de maîtriser l'avenir, mais leur utilité ne va pas beaucoup plus loin s'ils ne savent pas très bien eux-mêmes ce qu'ils visent… De ce point de vue, on ne peut pas dire que le « plan A-plan B » soit un modèle de clarté. Il l'est d'autant moins qu'il agglomère des personnalités dont les lignes diffèrent radicalement sur l'unique question stratégique, comme toujours : l'option de la sortie, quitte à ne l'activer qu'en dernier recours, mais à assumer sans ciller. Yanis Varoufakis a beau eu faire du pied à Unité Populaire, il continue, au mieux de s'abstenir « d'en parler », au pire persiste à en faire un commencement d'apocalypse fasciste façon retour des années 30 [1] – il faut prendre la mesure de cet argument délirant, et de la force qu'il aura prise dans la fraction « mémorandaire » (et plus largement anti-sortie) de Syriza, comme en témoignent les propos d'Euclide Tsakalotos rapportés par Stathis Kouvelakis [2]. Au total, nul ne saurait dire où se trouve stratégiquement Varoufakis, car répéter des termes contradictoires – sortir des memoranda, rester dans l'euro – pour montrer qu'on les tient bien ensemble ni ne fait une ligne ni ne résout la contradiction. Zoé Konstantopoulou, elle, s'est certes nettement séparée du Syriza mémorandaire après le 13 juillet, mais évite soigneusement d'évoquer explicitement la sortie de l'euro comme une option, ou même comme un levier de négociation. Quant à Stefano Fassina, il est le penseur du « front de libération nationale » auquel Jacques Sapir a donné sa formulation dernière…

1. Yanis Varoufakis, « Que voulons-nous faire de l'Europe ? », *Ballast*, 2 septembre 2015.

2. « Lorsque Mason l'a interrogé à propos de l'euros, Tsakalotos a répondu que la sortie serait une catastrophe absolue et que l'Europe revivrait les années trente avec les guerres entre devises et la montée des nationalismes et fascismes de toutes sortes », Stathis Kouvelakis, « Greece : the struggle continues », entretien avec Sebastian Budgen, *Jacobin*, 14 juillet 2015.

C'est donc peu dire que, pour être belle, l'affiche du meeting du PG à la Fête de l'Huma ne pouvait produire de grandes clarifications, ni témoigner d'une réelle bifurcation stratégique post-13 juillet. On objectera, non sans raison, que la politique construit parfois les clarifications progressivement, que la logique du malentendu ou de l'ambiguïté, usuellement nommée « rassemblement », y a sa productivité propre, et que seul le commentaire scolastique peut se donner la superbe d'ignorer le cambouis réel des hétérogénéités à tenir malgré tout, et des convergences à produire laborieusement. Et tout ceci serait vrai. Cependant la logique de l'ambigu, logique même du travail politique, qui oblige à faire aller ensemble des gens ne pensant pas identiquement, risque toujours de se perdre dans des synthèses sans objet si elle n'a pas un peu l'idée de son azimut. Et des plans sans cap, même à toutes les lettres de l'alphabet, ne sont que l'équivalent pour la politique du divertissement pascalien.

Pour l'heure en tout cas, il faut avoir bonne vue pour discerner les objectifs de « plan A-plan B ». Créditons-le cependant de la sincérité de ses intentions d'ouvrir le conflit avec les institutions européennes. Mais précisément : on ne s'engage pas dans une épreuve de force sans avoir une idée un peu claire des buts de guerre. Le risque du manque de clarté en cette matière, spécialement si l'on prend en compte la pusillanimité encore récente de bon nombre des têtes d'affiche du « plan A-plan B », le risque, donc, c'est de se lancer dans un conflit qu'on a le secret désir de ne pas faire aller trop loin, et de l'arrêter sitôt qu'un gain médiocre mais présentable aura été obtenu. Dit autrement, on ne monte pas une machine de guerre pour aller à la pêche aux clopinettes.

Le seul objectif : la redémocratisation intégrale

Si la critique de « l'Europe austéritaire et antidémocratique » est bien le leitmotiv de ce rassemblement, alors il suffit d'indiquer les contenus analytiques qu'enferment ces mots pour que les buts à fixer s'en déduisent aussitôt. Contre la tentation des clopinettes, qui se contentera d'un bout d'allègement de dette par-ci ou d'une détente temporaire de contrainte budgétaire par-là, le « plan A-plan B » ne peut donc avoir d'autre objectif que maximal : *la déconstitutionnalisation et la repolitisation intégrales de toutes les questions de politique économique.* Objectif « maximal » au regard seulement des démissions politiques de la gauche en matière européenne, dont la mesure se trouve ainsi donnée, quand il s'agit en réalité de l'objectif minimal de toute démocratie digne de ce nom : qu'il soit permis aux instances représentatives de discuter et de rediscuter de tout, tout le temps. Spécialement des contenus de politique économique, dont il est inconcevable qu'ils aient été soustraits à la délibération politique ordinaire, et qui doivent impérativement, et intégralement, lui être rendus.

Mais la délibération de qui au juste? Celle d'un parlement de l'eurozone, normalement. Sauf qu'il n'existe pas. Qu'à cela ne tienne, répondent certains : un objectif exigeant, doublé d'une sortie par le haut, en voilà un! Le pouvoir d'enchantement des « sorties par le haut » est cependant parfois tel qu'il en désarme toute analyse critique de leurs conditions de possibilité. Il ne faut donc pas craindre de répéter qu'un parlement de l'eurozone n'aurait de chance de voir le jour qu'à la condition expresse de poser très explicitement les deux questions suivantes : 1) l'Allemagne accepterait-elle que toutes les dispositions économiques et monétaires actuellement sanctuarisées dans les traités soient remises à la délibération parlementaire ordinaire; et 2) l'Allemagne accepterait-elle d'être mise en minorité – puisque telle est la loi de la démocratie délibérative – sur l'une ou l'autre de ces dispositions, au hasard l'indépendance de la banque centrale, l'autorisation du financement monétaire des déficits publics, ou la suppression de la contrainte *a priori* des 3 % ? À quiconque n'est pas définitivement égaré dans le monde des rêves, ou bien garde à l'esprit que la politique est faite pour se tenir dans des horizons temporels raisonnables, il doit apparaître que la réponse à ces deux questions est « non ». Et « non » aussi, par conséquent, la réponse à la question de la « sortie par le haut », sauf évidemment à se contenter d'un parlement Potemkine.

Voilà pourquoi, au passage, le plan A ferait bien de ne pas trop croire à ses propres chances – supposé bien sûr qu'il ait des ambitions plus consistantes que les queues de cerise. C'est en effet le paradoxe de « l'autre euro possible » qu'il s'autodétruirait au moment même où il serait sur le point de réussir : car en ce point, précisément, c'est l'Allemagne (sans doute accompagnée) qui prendrait le large. Jamais l'Allemagne ne courra le risque d'une « reparlementarisation », d'une « redémocratisation de la monnaie » qui pourrait mettre en minorité ses sacro-saints principes – à plus forte raison dans la période actuelle.

Le problème objectif de l'euro – et sa résolution antidémocratique

Si donc la « sortie par le haut » du parlement de l'euro est impossible, à qui donc la politique économique pourrait-elle être rendue sinon aux instances délibératives existantes, à savoir les parlements nationaux ? Mais cette restitution-là est strictement équivalente à la restauration des monnaies nationales. Car il est évidemment hors de question d'avoir une monnaie unique avec dix-huit politiques économiques autonomes. Le problème de l'euro était bien réel – personne ne l'a jamais nié d'ailleurs [1] – : il faut des règles. Il n'y a pas de monnaie unique possible sans un dispositif de coordination suffisamment ferme pour endiguer les externalités monétaires et financières qui naissent inévitablement au sein d'une communauté de politiques économiques. Sous l'influence ordolibérale allemande, ce problème a été résolu par l'édiction de règles impératives, constitutionnalisées, donc immuables, conduisant par-là à ne réguler le problème des externalités qu'au prix d'une négation radicale des souverainetés

1. Voir notamment *La Malfaçon. Monnaie européenne et souveraineté démocratique*, Les Liens qui Libèrent, 2014, chapitre 7, p. 205 *sq*.

nationales – sans reconstitution de quelque souveraineté européenne, bien sûr. Reconstitution impossible, pour les raisons qui viennent d'être dites – le refus allemand d'une souveraineté monétaire européenne s'accomplissant dans les formes de la délibération parlementaire ordinaire –, et milieu de gué létal car on n'ignore pas impunément une économie générale de la souveraineté qui exige pour celle-ci sa présence et son activité constantes – à un niveau territorial ou à un autre, peu importe en principe, mais *quelque part*. Pour le coup, s'il y a un principe fondamental de la politique que les peuples ont profondément fait leur, c'est bien celui de la souveraineté, à savoir l'idée qu'à défaut d'un exercice direct, il doit y avoir, où qu'il soit, un lieu où leur voix a quelque chance de se faire entendre, fut-ce au travers des distorsions de la représentation, et où l'on discute de *tout* ce qui les intéresse.

Que des pans, qui plus est massifs, de la matière-à-délibérer tombent, précisément, hors de toute instance délibérative, c'est une soustraction, non seulement dont ils ont une parfaite conscience, mais qui leur est inadmissible. C'est pourquoi toute les propositions de restauration, si odieuses soient-elles par ailleurs, sont assurées d'un impact politique. Et c'est pourquoi également tout renoncement à formuler le projet de cette restauration sous des formes qui, odieuses, ne le soient pas, est une faute politique de première grandeur, dont l'ampleur est simplement mesurable à l'espace laissé, *abandonné*, aux extrêmes-droites. Qu'on ait attenté aussi radicalement au principe de souveraineté, détruit ici sans être reconstruit là, ç'aura été le crime politique européen, et dans le vide de souveraineté, ainsi organisé, se seront engouffrées simultanément les puissances privées du capital (sur un mode opportuniste) et les extrêmes-droites (sur un mode réactionnel).

Il y avait bien un problème de l'euro mais, sous influence ordolibérale, il a été reconfiguré en dilemme : assurer, par le système des règles, la cohérence de la monnaie unique, mais au prix de la négation de toutes les souverainetés démocratiques, quelle qu'en soit l'échelle. Comme entre boire et conduire, entre la stabilité monétaire et la démocratie, il a fallu choisir.

Sans doute pouvait-on imaginer un monde où ce dilemme aurait été desserré, qui aurait consisté à accepter la nécessité des règles appelées par la stabilisation d'une communauté de politiques économiques, mais en remettant l'élaboration de ces règles à une instance délibérative *régulière* et légitime – à un parlement. Et, par-là même, non seulement l'élaboration, mais la *réélaboration permanente*, comme le requièrent aussi bien la rationalité élémentaire de l'apprentissage (qui procède par essais, erreurs et *rectifications*), celle de l'ajustement à des conjonctures variables, et puis surtout le principe élémentaire de la démocratie qui est le droit de revenir sur tout tout le temps. Mais ce monde idéal, et rationnel, était hors de portée, du fait essentiellement d'un, l'Allemagne, à qui l'idée formelle des règles n'était pas suffisante, et qui demandait le contenu substantiel de *ses* règles à elle, faites pour être imposées, et puis sanctuarisées, c'est-à-dire soustraites à toute discussion et protégées des périls de la révision.

Le temps de la conséquence

Les partisans du « plan A-plan B » sont-ils prêts à aller au bout de cette analyse, et surtout à en tirer les conséquences ? Ou bien tels des duellistes-malgré-eux, se rendront-ils sur le pré dans l'espoir d'un premier sang à l'avant-bras aussi rapide que possible qui permettrait de déclarer les honneurs lavés et l'affrontement clos ? C'est qu'à la fin il faut savoir ce qu'on veut : ou bien prendre au sérieux ses propres slogans sur « l'Europe anti-démocratique » ou bien se contenter d'une autorisation d'un peu plus de déficit sur deux annuités. Yanis Varoufakis déclare que *« le problème numéro un c'est la dette »* [1]. C'est précisément avec ce genre de prémisses que le « plan A-plan B » prend des airs de croisade pour Jérusalem avec la secrète arrière-pensée de s'arrêter à Romorantin. Car le « problème numéro un » n'est pas de décrocher une restructuration ou même une annulation partielle. Dont il se pourrait d'ailleurs qu'elles reviennent à l'ordre du jour sous un an, lorsqu'il deviendra évident que le troisième mémorandum, supposément destiné à ramener le ratio Dette/PIB dans les clous, n'a pas d'autre effet que de le détériorer. On ne peut en effet même pas exclure que la Grèce décroche un petit quelque chose en cette matière, pourquoi pas avec l'aide du FMI. Et après ? Qu'a-t-on gagné quand la camisole a été desserrée d'un cran ? – un cran.

« La dette » n'est évidemment pas le problème numéro un – à moins de la proclamer telle, précisément pour mieux éviter de regarder en face le vrai problème numéro un. Celui de la négation démocratique. Il fallait donc avoir atteint le

1. Yanis Varoufakis, « Live », Mediapart, 25 septembre 2015.

dernier degré de la cécité, ou bien de la naïveté, pour s'étonner que les institutions de l'eurozone méprisent aussi ouvertement le « verdict des urnes » en Grèce, et fassent aussi peu de cas de celui du 25 janvier que de celui du 5 juillet. Varoufakis propose ironiquement de faire ajouter dans les traités une clause de suspension des élections qui permettrait d'en ignorer les résultats [1]. Mais cette clause n'a pas à être ajoutée, elle existe déjà : elle consiste en les traités mêmes !, et Jean-Claude Juncker en a admirablement résumé la teneur générale en rappelant qu'*« il n'y a pas de démocratie en dehors des traités »*.

On a beaucoup moqué Jean-Claude Lagaffe quand il aurait fallu bien plutôt lui savoir gré de découvrir la vérité sans fard. En constitutionnalisant non pas les règles formelles gouvernant la délibération démocratique mais ses « résultats » mêmes, en fait ceux qu'on lui a prêtés avant même qu'elle n'ait à s'exercer (et pour être bien sûr qu'elle n'ait plus à s'exercer…), les traités européens sont par essence anti-démocratiques. C'est pourquoi on reste perplexe d'entendre Varoufakis déclarer à la fois qu'il

1. Yanis Varoufakis, « Our battle to save Greece », *New Statesman*, 13 juillet 2015.

faut *« démocratiser l'euro »* [1] et que *« notre tâche est de trouver des solutions avec les traités existants »* [2].

Mais l'inconséquence est une plaie d'époque, et l'incapacité à passer des prémisses aux conclusions qui devraient s'en suivre logiquement frappe spécialement à gauche : on affirme vouloir sortir des memoranda mais on ne veut pas sortir de l'euro (qui impose les memoranda) ; l'euro n'est pas démocratique mais il ne faut pas toucher au traités (qui organisent l'euro anti-démocratique) ; l'Allemagne sent le hareng mais il faut continuer d'envisager « un autre euro » avec elle ; il faut un parlement de l'euro mais peu importe qu'il n'ait rien de substantiel à discuter (puisque tout a déjà été tranché – et écrit dans les traités).

Or voici comment il faudrait enchaîner ses idées de manière conséquente : une monnaie démocratique est une monnaie dont *toutes* les dispositions sont la prérogative d'une instance délibérative habilitée à les rediscuter à tout moment sous la loi de la majorité ; or il est au moins un pays pour lequel la question monétaire s'est historiquement nouée de telle sorte que, pour un temps encore indéfini,

1. Yanis Varoufakis, « Pour une nouvelle dissidence européenne », entretien avec Christian Salmon, Mediapart, 22 septembre 2015.
2. *Id.*

il ne peut consentir à renoncer à son idiosyncrasie – comme l'exigerait pourtant l'acceptation de la restitution démocratique et de la loi majoritaire ; il s'en *déduit* qu'une monnaie unique pleinement démocratique n'aura pas lieu en sa présence, et encore moins sous sa domination ; *par conséquent*, à moyen terme au moins (le terme de la résistance de la croyance monétaire allemande), il n'est laissé de choix qu'entre les options suivantes : consentir à l'état actuel des choses puisqu'on se refuse tout moyen de les changer vraiment – mais alors, par pitié, qu'on nous épargne maintenant la protestation anti-austéritaire sans suite et la comédie de la démocratie outragée – ; ou bien tirer enfin quelques conséquences et, faute d'une reconstruction (réelle) de souveraineté à l'étage européen, *conclure* ce qui doit l'être : la restauration démocratique, pour l'heure, passe ou bien par le retour unilatéral à la monnaie nationale, ou bien par une solution collective entre pays accordés sur le même irréfragable principe d'une constitution authentiquement démocratique de la monnaie – soit, dans les deux cas, l'explosion de l'euro tel qu'il est.

Plan C

Le plan A, qui, quoi qu'il en ait, continue de transpirer l'angoisse de déchoir à un « internationalisme » mal pensé et mal placé, le plan A, donc, peut bien s'il le veut se tenir à la logique de l'acquit de conscience pour s'épargner le « remords historique », on peut dès maintenant lui indiquer le résultat des courses : du moment où une masse contestataire critique se formerait au sein de l'eurozone, la rupture serait actée, non pas tant du côté des dominés en voie de soulèvement, que du côté du dominant et de ses satellites – car, paradoxe, les forces centrifuges de la décomposition sont en réalité bien plus menaçantes de ce côté-là, notamment en Allemagne et en Finlande, que de celui des asservis. La réalité du plan A, c'est qu'il est dynamiquement instable et que, dans le cours de sa propre réussite, il produira lui-même les facteurs de son propre échec. La réalité du plan A c'est que, comme un isotope radioactif, il mutera spontanément en plan B.

Accordons cependant que, si elle se voue elle-même à l'échec, la logique de l'acquit de conscience ne manque pas d'une certaine grandeur politique – et il est vrai qu'au regard d'une entreprise historique, même échouée, comme la construction européenne, s'assurer d'être « allé jusqu'au bout » est une sorte d'obligation à laquelle on peut se sentir devoir consentir. Mais pas si c'est une fois de plus pour caler en route. Aussi bien par principe que pour des considérations de tactique élémentaire, il n'y a pas de plan B, donc de plan A-plan B, sans l'affirmation explicite, et dénuée d'ambiguïté, de l'abandon de l'euro comme option résolument assumée. À raison de quoi d'ailleurs on ne voit pas trop ce que des gens comme Varoufakis peuvent bien y faire. Ou plutôt on ne voit que trop : poursuivre l'espoir d'un nouveau tour de manège qui permettrait, avec un peu plus de pression rassemblée, de faire ce que la Grèce de Tsipras seule n'a pas pu faire : arranger quelques bidons sans rien changer de sérieux dans l'eurozone – et persévérer dans l'inconséquence.

Si c'est ça, retour au vermicelle : et plan C. Qui accorde le devoir d'acquit de conscience mais se prépare déjà à l'étape d'après. L'étape d'après, ce sera, par définition, la fin de l'actuelle eurozone. Mais une construction politique peut finir de bien des manières. La manière du plan C, ce serait la stabilité maximale – ou, disons, l'instabilité minimale. La conscience acquittée d'avoir « essayé jusqu'au bout » et, constaté l'entêtement des dominants à ne rien changer, le plan C avertira que tous ceux d'entre ses membres qui sont politiquement en position de le faire s'apprêtent à quitter l'euro. Il avertira par-là que s'ouvre une dynamique dont nul ne peut prédire complètement les évolutions, ni exclure qu'elles aient en retour de puissants effets déstabilisateurs sur ceux qui restent. C'est pourquoi le plan C, avant de s'engager dans un mouvement de sortie(s) unilatérale(s) assumée(s), fera une ultime proposition à l'eurozone : la proposition de son autodissolution ordonnée, collectivement organisée.

Si la chose n'est pas encore évidente, il se pourrait que, dans la conjonction de départs imminents et du nouvel échec mémorandaire en Grèce, la zone euro atteigne un stade où l'autodissolution se présente comme son vrai point d'unanimité : la solution faite pour régler d'un coup tous ses conflits intestins, et pour que tous s'y retrouvent. D'abord parce que l'autodissolution organisée est le seul moyen d'endiguer décisivement les instabilités déclenchées par un ou plusieurs départs unilatéraux. Toutes choses égales par ailleurs, les marchés de capitaux réagiront avec le moins de chaos s'ils s'estiment confrontés à un événement voulu et contrôlé, s'ils sentent la volonté politique collective d'une transition ordonnée. Il est hautement probable qu'une déclaration unanime des Etats de la zone euro énonçant être allés au bout de ce projet, en avoir constaté les indépassables déséquilibres, et jugeant avantageux pour tous son dénouement aurait pour effet d'impressionner considérablement les opérateurs des marchés de change et de taux, et de minimiser l'amplitude des fluctuations qui suivraient le retour aux monnaies nationales [Lesquelles dépendront, dans leur détail, de la façon dont les sortants piloteront leur sortie. À chacun en effet de voir ce qu'il veut faire de son propre retour, sachant que celui-ci n'a vraiment de sens que pour en faire l'opportunité d'une refonte radicale des structures et du modèle de politique économique. Dit autrement, sortir sans faire défaut sur une partie de la dette, sans revenir sur la parfaite mobilité des capitaux, sans remettre au pas le secteur bancaire, ou sans redéfinir entièrement les modalités de financement des déficits publics, c'est rompre pour rien].

Mais l'attrait possible d'une proposition d'autodissolution collective se joue moins dans ses propriétés fonctionnelles de stabilisation relative des départs que dans une convergence des préférences intrinsèques pour le dénouement, sans doute à peine ébauchée pour l'heure, mais dont les forces pourraient croître plus rapidement qu'on ne l'imagine. Ceci parce qu'elles sont en fait déjà à l'œuvre, et qu'en cette matière c'est le premier pas qui coûtait : celui de s'avouer le désir d'en finir avec tout ça, de commencer à envisager ce qui était jusqu'ici un inconcevable. Le résultat de cinq années de crise absurde, dont le terme n'est rien moins qu'en vue, c'est que l'inconcevable pourrait devenir l'objet, sinon d'une paradoxale unanimité, au moins d'une possible nouvelle majorité. On y retrouverait bien sûr les pays recrus de fatigue austéritaire et désireux d'avoir enfin le droit d'essayer autre chose, mais aussi, plus surprenant, les pays dominants, qui vivent de plus en plus comme un fléau d'avoir à cohabiter avec des « incapables », et comme un fardeau d'avoir à financer des aides « à fonds perdus ». Les forces centrifuges sont donc partout, et pas seulement où l'on croyait (les candidats à l'exit forcé).

Pour un européisme réel

Et si la proposition de l'autodissolution collective n'est pas mûre, et qu'elle est rejetée ? – hypothèse qu'on ne saurait écarter d'un revers de main… L'option de sortie unilatérale est là, et elle sera activée. Tout l'intérêt du « sommet internationaliste du plan B » cependant – et c'est bien en ce point qu'il faut saluer l'initiative – consiste à œuvrer pour qu'il y ait *des* sorties unilatérales et que, ce faisant… elles cessent d'être unilatérales. Pour être négative, la communauté de refus de l'euro antidémocratique est déjà la base d'une reconstruction collective possible, en tout cas de la concrétisation rapide d'une idée fondamentale qui fait l'identité du plan C, ou B, peu importe maintenant la lettre qu'on lui donne, puisque son vrai nom est *la sortie de gauche*. La sortie de gauche est celle qui brise les équations hypnotiques Euro = Europe, et Europe = Union politique (ou rien) – les équations de l'européisme obtus.

Si l'on appelle « européisme obtus » l'acharnement à faire faire communauté à des hétérogénéités sans jamais vouloir poser la question de leurs compatibilités possibles, voire au mépris de leurs incompatibilités avérées, disons sans ambages que le plan C en est la radicale résiliation – disons-le en tout cas à l'usage de ceux à qui le spectacle grec de cet été n'a pas fait connecter deux neurones. Résiliation de l'européisme obtus mais aussi, *par-là*, possibilité d'un européisme réel, celui-là même qui, pourvu qu'on l'explicite, peut se trouver promu par le « sommet internationaliste », et qui répondrait à la définition suivante : poser le désir de l'intensification maximale des liens inter-nationaux comme le principe directeur des nations d'Europe, mais d'une intensification qui sait ce qu'elle peut et ce qu'elle ne peut pas. Qui sait en particulier que l'unification politique est hors de sa portée pour cette raison désormais bien établie que l'unification monétaire est un échec – et qu'une communauté politique intégrée sans monnaie unique n'a simplement pas de sens [on abandonne aux acharnés de la dénégation de soutenir encore que, tout au contraire, « la monnaie unique n'a échoué que faute d'intégration politique » – contre cette évidence répétée mécaniquement, et qui dispense d'avoir à penser, le problème européen aura tenu à une idiosyncrasie monétaire (allemande) *métapolitique*, c'est-à-dire absolument rétive à se laisser saisir dans les processus politiques ordinaires de la démocratie délibérative-parlementaire. Ça n'est donc pas la peine de déplorer répétitivement le défaut d'une « construction politique complète » de la monnaie unique : c'est cette construction même qui était impossible].

Vouloir « faire Europe », mais hors des fantasmes de l'intégration politique, dont la poursuite aveugle aura d'ailleurs eu pour effet de produire l'exact contraire de ce qu'elle prétendait faire advenir, à savoir le ressentiment nationaliste et l'inimitié en lieu et place de la « paix entre les peuples », « faire

Europe » donc, au sens de l'approfondissement délibéré des liens inter-nationaux, ne demande en aucun cas d'en passer ni par la monnaie ni par la communauté politique intégrée. Il n'est d'ailleurs même pas besoin pour en défendre l'idée de se prévaloir par anticipation de la logique des antidotes, ceux dont il faudrait d'urgence contrer les « replis nationaux » qui accompagneraient inévitablement l'abandon de l'eurozone. Car, et telle est (devrait être) la thèse explicite du « sommet internationaliste », on ne voit pas quelle infirmité de pensée interdit de concevoir positivement que des pays se lient, et de liens toujours plus divers et toujours plus profonds, hors de l'intégration monétaire et financière !, comme en témoignent d'ailleurs de nombreuses réalisations européennes concrètes, elles univoquement vertueuses, et sans rapport aucun avec l'euro : Airbus ou Ariane en matière de coopération industrielle, le CERN comme Europe des chercheurs, Erasmus comme celle des étudiants, les Rencontres européennes de littérature comme leur nom l'indique, et encore mille autres choses à imaginer de même nature, qui diraient toutes la possibilité du lien hors de la discipline monétaire, l'inanité meurtrière de l'alternative qui ne laisse le choix qu'entre celle-ci et la guerre, qui explique qu'entre l'euro et les camps il n'y a rien, infâme bêtise à laquelle il faut opposer sans relâche le désir de liens toujours plus denses – soit l'adresse politique même du plan C.

Que des forces obscures, nationalistes et xénophobes, n'attendent qu'une occasion pour se donner libre cours, et qu'elles puissent voir celle-ci dans l'abandon de l'eurozone, il faudrait être inconscient pour en écarter l'hypothèse. Mais les événements politiques ne sont pas des fatalités que nous n'aurions qu'à contempler passivement. Ils sont tels que nous les conformons, par les intentions politiques que nous y injectons, et par lesquelles nous les faisons être. C'est bien d'ailleurs tout ce qui ferait la différence entre une sortie de droite (extrême) et une sortie de gauche. La sortie de gauche est celle dont l'adresse propre dirait dans le même mouvement et le refus catégorique de la monnaie antidémocratique, l'absurdité d'intégrations mal pensées, et l'égale volonté de rapprocher toujours plus les peuples européens, mais hors des forçages technocratiques, et sous leurs rapports de compatibilité réelle – en faisant d'ailleurs l'hypothèse que ceux-ci sont *nombreux*. Le plan C, c'est celui qui donne à l'abandon de l'eurozone sa signification de gauche en *l'accompagnant inséparablement* de multiples propositions qui diront toutes le désir de remplacer les impossibles 3 %-60 % par des équivalents toujours plus nombreux de CERN et d'Erasmus.

L'européisme obtus est obtus au carré. Il l'est par ses impasses intellectuelles intrinsèques. Il s'élève à la puissance deux de ne plus même s'apercevoir que voulant « faire l'Europe » mais ne voulant jamais réfléchir aux manières praticables de la faire, son volontarisme aveugle, ignorant des rapports de compatibilité réelle, n'a pas d'autre résultat que de contribuer à la défaire. Forcer des parties à composer un tout impossible, c'est bien prendre le risque de les redisperser violemment. L'européisme obtus est devenu le plus sûr ennemi de l'Europe : il faut sauver l'Europe de ceux qui veulent la sauver. Pour être à la fois impraticable et la seule que cet européisme puisse envisager, la forme maximale de l'Europe est aussi la forme nulle. À égale distance de cette illusion destructrice et de l'inconséquence végétative qui demeure dans les traités en continuant d'espérer la démocratie (ou le relèvement de l'austérité), le plan C envisage une autre voie qui restaure la souveraineté, s'affranchit de l'absurdité économique, et se tient aux réquisits d'un inter-nationalisme réel qui commande, non pas le forçage d'intégrations imposibles (ou trop loin de leurs maturités), mais le devoir du rapprochement sous toutes les formes praticables. Avec, qui sait, peut-être quelque chance que, sensibles à sa proposition d'un européisme pour le meilleur, nombreux soient les autres peuples du continent qui commencent à lui prêter attention.

Table

Si vous souhaitez être tenu informé des parutions
et de l'actualité des éditions Les Liens qui Libèrent,
visitez notre site :
http://www.editionslesliensquiliberent.fr

Achevé d'imprimer sur Roto-Page en novembre 2015
par l'Imprimerie Floch à Mayenne
Dépôt légal : novembre 2015
N° d'impr. : 88969
Imprimé en France